50 DINGE, DIE EIN NIEDERÖSTERREICHER GETAN HABEN MUSS

Alexandra Gruber · Wolfgang Muhr

50 DINGE, DIE EIN NIEDERÖSTERREICHER GETAN HABEN MUSS

Styria
VERLAG

STYRIA
BUCHVERLAGE

ISBN 978-3-222-13609-2

Bücher aus der Verlagsgruppe Styria gibt es
in jeder Buchhandlung und im Online-Shop
www.styriabooks.at

Umschlagfoto: Shutterstock/KhaNPhoto
Umschlaggestaltung: Emanuel Mauthe
Buchproduktion: Ursula Kothgasser, www.koco.at
Lektorat: Johannes Sachslehner

Druck und Bindung: ADU
Printed in the EU
7 6 5 4 3 2 1

INHALT

50 Dinge, die ein Niederösterreicher getan haben muss

NIEDERÖSTERREICH

Nummerierung nach Kapiteln

Übersichtskarte

VORWORT

Liebe Leserin, lieber Leser!

Rund 8.000 Kilometer haben wir in den letzten fünf Monaten mit Zug, Schiff, Auto, Fahrrad, Seilbahn oder *per pedes* innerhalb Niederösterreichs zurückgelegt, spannende Orte besucht und außergewöhnliche Menschen getroffen. Unser Resümee nach zahlreichen Erkundungstouren lautet: Österreichs Kernland ist mit unglaublichem Facettenreichtum gesegnet, jede Region ist unverwechselbar und trumpft mit ihren eigenen Reizen auf. Nördlich der Donau verzaubert der furiose Paradiesgarten Wachau, Rebgärten umrahmen pittoreske Kellergassen im Weinviertel, mystische Kultstätten und skandinavisch anmutende dichte Nadelwälder ziehen die Besucher im Waldviertel in ihren Bann. Südlich des Stroms rufen die schroffe Bergwelt und die sanften Hügellandschaften des Mostviertels. Südwestlich der österreichischen Hauptstadt erstreckt sich eine einzigartige Wildnis mit bunter Artenvielfalt. Die Sommerfrischler der Kaiserzeit hinterließen in den herrlichen Wiener Alpen den mondänen Hauch des *Fin de Siècle.*

Um die Vielseitigkeit von Österreichs größtem Bundesland zu dokumentieren, haben wir Skurriles, Ungewöhnliches, Schönes und Interessantes gesucht, erlebt und zusammengetragen. Wir wandelten durch den größten historischen Weinkeller Österreichs und das kurioseste Museum der Welt, trafen die direkte Nachfahrin des ermordeten Thronfolgers Franz Ferdinand, erforschten ein Geisterdorf im militärischen Sperrgebiet, feierten beim „tiefsten" Ball des Landes bis in die Morgenstunden, läuteten die Glocke einer Kirchturmspitze ohne Kirche, robbten durch die nicht ausgebauten Wege einer Tropfsteinhöhle, erfreuten uns am Disneyland der Habsburger, machten eine Bootsfahrt im Keller unterhalb eines Wirtshauses, begegneten Wölfen und Bären, Mammuts, Rittern und Gladiatoren.

Dieses Buch ist ein Streifzug quer durch Niederösterreich und eine Einladung, selbst auf Entdeckungsreise zu gehen.

Wien, Oktober 2018
Die Autoren

Im Sinne der bestmöglichen Lesbarkeit schließt die Verwendung der männlichen Form stets auch Frauen mit ein.

WO SISI DEN DOPPELADLER VERSPEISTE

01

Nonseum, Herrnbaumgarten

Ein tragbares Loch und Napoleons Knopfloch ohne Saum zählen zu den zahlreichen Exponaten im „verrucktesten Dorf" Österreichs.

Hier treten Politiker beim Handtuchwerfen gegeneinander an. Hier kriechen Weinbergschnecken einen Tag lang um die Wette. Hier begehen Pessimisten einen gemeinsamen Wandertag und weinen beim Krenreißen und Zwiebelschneiden um die Gunst der Zuschauer. Hier werden das ganze Jahr über Einzelsocken gesammelt und auf Wäscheleinen in der Dorfeinfahrt präsentiert. Hier, das ist in Herrnbaumgarten, einem kleinen Ort mitten in der hügeligen Landschaft des nördlichen Weinviertels. Herrnbaumgarten ist die Hochburg der Wortspielereien. Phrasen wie „schwarzmalen" (Pessimistenwandertag) oder „Handtuchwerfen" (Herrnbaumgartner Olympia 2005) werden bei diversen Veranstaltungen mit viel Liebe zum Schabernack wortwörtlich umgesetzt. Herz und Seele der 1.000-Einwohner-Gemeinde ist das Nonseum - ein einzigartiges Museum, das Objekte zeigt, die die Welt nicht braucht. Mehr als 450 Exponate sind hier ausgestellt, vom ausrollbaren Zebrastreifen bis zur Teekanne für Masochisten oder einem tragbaren Loch mit Lochschoner. „Wir sind kein Museum im klassischen Sinn. Wir stellen keinen Anspruch auf Kunst. Schräg, skurril und aberwitzig muss es sein", sagt Nonseumsdirektor Fritz Gall, während er einen Hut mit eingebautem Seilzug vorführt. Mittlerweile hat sich das „verruckte" *Dorf,* das gemeinsam mit der Gemeinde entwickelt wurde, als Marke etabliert. „Wir sind nicht verrückt im Sinne von crazy, wir verrücken nur den Standpunkt."

Eines der wertvollsten Exponate sei Napoleons Knopfloch, erzählt Gall. Es sei das dritte von links oben, und Bonaparte habe dieses historische Kleidungsstück in der Schlacht von Austerlitz getragen. „Unsere Knopflöcher sind saumlos ausgestellt. Sonst wären sie ja verunreinigt." Gall versucht, keine Miene zu verziehen. Doch immer wieder entwischt ihm ein Schmunzeln, während er über Exponate und vergangene Aktionen rund um das Nonseum berichtet.

Da gibt es zum Beispiel das Bett mit der Schäfchenzählmaschine (am besten schnell einschlafen, sonst muss man die Maschine wieder aufziehen, ist

Tauchglocke für Suppenfliegen. Erfinder: David Staretz

Fritz Gall mit Einzelsocken

Kinnhaken. Erfinder: Ludwig Zauner

noch nicht ganz serienreif), die Sockentrockenschleuder (zum Wandern), das Diätgeschirr (mit Löchern), das Revolutionsschach (ohne Bauernopfer). Oder die Aktion *Mostly Postly,* bei der ein Bekannter von Gall seine Freundin in Wulkaprodersdorf als Packerl aufgab und die überforderten Bahnbeamten am Wiener Südbahnhof die Polizei riefen.

Nonseale Nachrichten gingen um die Welt

Im museumseigenen Kino laufen zwei Filme in Endlosschleife. Einer davon wurde 1998 von einem ORF-Team gedreht und handelt von einem spektakulären Fund. Der Herrnbaumgartner Weinbauer Friedl Umschaid (s. S. 13 f.), ganz zufällig eines der Gründungsmitglieder des Nonseums, war in seinem Keller auf das Skelett des Doppeladlers gestoßen. Bekannte österreichische Wissenschaftler und ein gewisser Fritz Gallinger, seines Zeichens Museumsdirektor, treten in dem Film auf. Der Zoologe Antal Festetics erklärt unter anderem, dass man aus der DNA des Vogels einen neuen Doppeladler klonen könnte. Die Auflösung des Geschichtskrimis: Kaiserin Sisi höchstpersönlich hat sich den Doppeladler im Herrnbaumgartner Dorfwirtshaus braten lassen, um ihn genüsslich zu verzehren. Denn ihr Verhältnis zum

Regenschirm für Pessimisten. Erfinder: Fritz Gall

Vogel, dem Symbol des ihr verhassten Kaiserhauses, soll ambivalent gewesen sein. „Die Meldung über den Doppeladler-Fund ist weltweit rausgekommen. Selbst CNN hat darüber berichtet", erzählt Gall. Ein nonsealer Triumph, wenn internationale Nachrichtenagenturen den Herrnbaumgartnern auf den Leim gehen. Trotzdem, die Medien mögen das Nonseum. So schrieb eine Hongkonger Tageszeitung 2013 einen dreiseitigen Artikel über die kuriosesten Museen der Welt und wählte es auf Platz eins, 2017 folgte der Ranking-Sieg im US-Beitrag „Amazing Places in Austria YOU MUST SEE".

Am Anfang war das würfelförmige Tischtuch

1984 hat alles begonnen. „Wir sind zu fünft in einem Wirtshaus gesessen. Die Kellnerin kam und wendete das Tischtuch, weil wir es angepatzt hatten. Da kamen wir auf die Idee, ein würfelförmiges Tischtuch zu bauen. Das könnte man gleich sechsmal verwenden." Dieses Tischtuch, so Gall, sei zwar nie angefertigt worden. „Aber dafür jede Menge andere unbrauchbare Erfindungen." Im selben Jahr rief das kreative Quintett, darunter der bekannte Krimiautor Stefan Slupetzky, zur ersten österreichischen Nonsens-Erfinder-Messe auf, die ein voller Erfolg wurde. Anfang der 1990er-Jahre gründeten die Herren den *Verein zur Verwertung von Gedankenüberschüssen.* Das Nonseum, so die Eigendefinition, „nützt wirklich niemandem, das aber sehr gewissenhaft und mit aller Liebe." Gall beschreibt das Vereinsziel folgendermaßen: „Wir wollen irgendwo, irgendwann, irgendwem ein Lächeln entlocken."

Info

Verein zur Verwertung von Gedankenüberschüssen, Friedhofstraße 2a, 2171 Herrnbaumgarten. Das Nonseum kann auch für diverse Festivitäten gemietet werden. *www.nonseum.at*

DER „TIEFSTE" BALL DES LANDES

Erdball, Herrnbaumgarten

02

Einmal jährlich wird im „verruckten Dorf" acht Meter unter Tage zu Musik und Weinseligkeit geladen.

Ein gewisser Hang zur Exzentrik lässt sich bereits bei der Ankunft feststellen. Als Ballspende werden Kichererbsen überreicht, viele Gäste erscheinen in Fantasie- beziehungsweise Glitzerkostümen oder auch im Frack, den wenigen Damen mit schulterfreien Kleidern fröstelt es bei kellerüblichen Temperaturen zwischen 12 bis 15 Grad. Einige der Ausschänke tragen eigenwillige Bezeichnungen, etwa „Mir is Wurschtbar" oder „Schlürfbar". Platz für Wiener Walzer und Co. ist in den engen Lehmröhren nur spärlich vorhanden. Stattdessen wird fidel und ausgiebig geschunkelt, rund ein Dutzend Bands spielen in den Nischen des weitläufigen Labyrinths die ganze Nacht Weltmusik, Jazz, Ethno, Blues, Volksmusik, Wienerlied und vieles mehr. Solokünstler und Gruppen wie Attwenger, Wiener Tschuschenkapelle, Kollegium Kalksburg, die Mozartband, Ernst Molden oder das Trio Lepschi sind bereits beim Erdball aufgetreten. Wer eher lukullischen Freuden zugetan ist, schlemmt auf weiß gedeckten Tischen bei schummrigem Kerzenlicht Weinviertler Hausmannskost und labt sich an regionalen Weinen.

Seit 2001 wird jährlich am letzten Freitag im Jänner in den Gängen des Herrnbaumgartner Weinkellers acht Meter unter der Erde ausgiebig gefeiert. Besitzer ist Heurigenwirt und Winzer Friedl Umschaid (s. S. 11), der hier rund 15.000 Weinflaschen lagert. In den letzten 30 Jahren hat er die alten Hohlräume zu einem weitläufigen Labyrinth verbunden, das sich mittlerwei le auf 1.600 m^2 und eine Länge von 600 Metern erstreckt.

Umschaid erscheint beim Erdball jedes Jahr im bereits etwas angestaubten Frack seines Urgroßvaters. „Jeder darf anziehen, was er will, aber wir raten zu einer Mischung aus nobel und schräg." Oder zu „ungestümen Kostümen", wie er sich ausdrückt. „Originell fand ich den Gast, der als König Ludwig II. von Bayern verkleidet war." Die Idee für das unterirdische Fest, so erinnert sich der Ballvater, entstand in feuchtfröhlicher Runde im Freundeskreis. „Beim ersten Mal spielten lediglich drei Bands vor knapp 200 Feiernden. Auch der Keller war noch nicht so ausgebaut wie heute." Nach wie vor gilt der „tiefste" Ball Österreichs als Insider-Tipp: „Wir hängen nur

ein paar Plakate auf, die Gäste erreichen wir hauptsächlich über Mundpropaganda." Nur ein kleiner Teil der Besucher seien Dorfbewohner aus der unmittelbaren Umgebung. „Es kommen beständig mehr Deutsche. Für die Wiener und Mistelbacher haben wir Shuttle-Dienste eingerichtet, viele übernachten in Pensionen oder nehmen für den Heimweg ein Taxi."
Das ist sehr vernünftig. Denn der Erdball ist ein guter Platz, um Lebensfreude zu zelebrieren. Aber ein schlechter, um nüchtern zu bleiben.

Wanderung für Müßig-Geher

An zwei Tagen Ende Oktober wird im Labyrinthkeller Umschaid außerdem zum „Unterirdischen Weinwandertag für Kurzwanderer" geladen. Auf 14 Raststationen entlang von „600 Metern erschlossener Wanderwege" können zahlreiche Weinsorten und Jahrgänge verkostet werden. Auch während des restlichen Jahres finden hier verschiedene Veranstaltungen statt.

Info

Labyrinthkeller Umschaid, Am langen Berg, 2171 Herrnbaumgarten
www.umschaid.at

02

03 AUF TUCHFÜHLUNG MIT ISEGRIM

Wolfsforschungszentrum, Ernstbrunn

In einem weltweit einzigartigen Forschungszentrum darf man im Rahmen von Besucherprogrammen zu einem Rudel ins Gehege gehen oder einen Wolf bei einem Waldspaziergang begleiten.

Wölfin Tala gibt Pfote, dreht sich im Kreis oder rollt sich auf den Rücken. Sie folgt vergnügt den Kommandos ihrer Trainerin Cindy Voigt, die sich ihrerseits mit Streicheleinheiten und Fleischstücken revanchiert, während ihre Kollegin Katharina Kriegler den Wolfsrüden Chitto mit dem Kopf durch ein Halsband schlüpfen lässt. Berührungsängste haben weder die Tiere noch die beiden jungen Frauen, die nach Einbruch der Dämmerung im Wolfsgehege vom Wildpark Ernstbrunn den staunenden Besuchern ihre Trainingserfolge präsentieren. Obwohl sich die Tiere sehr kooperativ verhalten, sind die Jacken der beiden vollgestopft mit Leckereien, um die Motivation der Wölfe zu steigern.
Was für die Beobachter vor dem Gehege leicht und spielerisch anmutet, ist das Ergebnis jahrelanger Arbeit, mit der sich die Trainerinnen das Vertrauen der selbstbewussten Tala und des fröhlichen Chitto erarbeitet haben. „Ich bin seit vier Jahren in Ernstbrunn und habe ein gutes Verhältnis zu fast allen unseren Wölfen, aber drei akzeptieren mich nicht, da gehe ich nur in Begleitung ihrer Bezugspersonen ins Gehege", erzählt Voigt.

Vergleichsstudien mit Wölfen und Hunden

Seit nunmehr einem Jahrzehnt ziehen Wissenschaftler im Wolfsforschungszentrum (WSC) nicht nur Wölfe, sondern auch Hunde mit der Hand auf, um die Verhaltensweisen der Tiere im direkten Vergleich zu erforschen. Diese Methode ist weltweit einzigartig und lockt Studenten aus allen Erdteilen an, um zu lernen und an Projekten teilzunehmen. Derzeit leben 17 Timberwölfe und 15 Mischlingshunde im WSC, die aufgeteilt auf etwa sieben Rudel im Wildpark leben. Die Wölfe kommen vorwiegend aus Nordamerika und teilweise aus Europa oder Russland, die Hunde stammen großteils aus ungarischen Tierheimen. Der Grundstein für das WSC wurde im Mai 2008 im oberösterreichischen Grünau gelegt. Drei Forscher zogen

03 Gassi gehen mit dem Wolf

Training mit den Wölfen

zunächst drei Wolfswelpen in einem alten Ziegenstall im Wildpark Grünau auf, planten jedoch rasch noch mehr Wölfe und auch Hunde aufzunehmen. 2009 übersiedelte das Team samt Tieren ins Herz des Weinviertels, wo ihnen der Wildpark Ernstbrunn Gelände und Infrastruktur für ihre Forschungen zur Verfügung stellte. Mittlerweile ist das Team auf etwa ein Dutzend Mitarbeiter, bestehend aus Forschern und Trainern, angewachsen.

„Es macht keinen Sinn, Haushunde mit Wölfen zu vergleichen. Die Tiere müssen exakt gleich aufgezogen werden, um daraus forschungsrelevante Schlüsse ziehen zu können", sagt WSC-Mitbegründerin und -leiterin Friederike Range. Das Meckern von Ziegen mischt sich mit Wolfsgeheul, während sie mit uns durch den Wildpark spaziert. Am Gehege wird sie mit freundlichem Schwanzwedeln begrüßt. „Wir ziehen die Wölfe in Welpenrudeln auf und sozialisieren sie im Anschluss mit erwachsenen Tieren. Mit unseren Hunden machen wir es genauso", erklärt die Biologin. Auch die Hunde wachsen nicht mit Menschen, sondern in einem Gehege als Mitglied eines Rudels auf.

„Im Aufzuchtgebäude übernachten wir die ersten vier bis fünf Monate bei den Jungen. Die Welpen sind nie alleine und werden von uns alle drei bis vier Stunden rund um die Uhr gefüttert." Das sei sehr anstrengend, vor allem die Nächte, aber dadurch bekommen Forscher und Trainer auch diese innige Beziehung zu den Tieren, so Range. Schon früh beginnen die Forscher mit verschiedenen Vergleichstests. „Wir geben ihnen zum Beispiel ein neues Objekt. Den Hunden ist der Gegenstand entweder völlig egal oder sie verlieren sehr schnell das Interesse", sagt die Biologin. Wölfe würden sich vorsichtiger nähern, weil sie ängstlicher seien, sich aber dann viel länger mit dem Objekt beschäftigen. Gehe es um Ressourcen, sei das Verhalten von Wölfen sozialer als das der Hunde. „Wenn wir einen Futtertrog ins Gehege stellen, frisst der dominante Hund, der Rest des Rudels beobachtet nur. Bei den Wölfen fressen alle Rudelmitglieder gemeinsam mit dem Alphatier", erklärt Range. „Sie verhalten sich untereinander kooperativer und toleranter, und das macht auch Sinn. In freier Wildbahn gehen sie gemeinsam jagen, sind aufeinander angewiesen." Konflikte bei Wölfen eskalieren auch nicht so schnell wie bei Hunden. „Das bedeutet aber nicht, dass der Wolf der bessere Hund ist. Während ein Wolf ein Nein ignoriert, sind Hunde leichter erziehbar und wollen dem Menschen gefallen."

Rudelbesuch, Wolfsspaziergang und Heulnächte

Das WSC finanziert sich zu einem Großteil über Eintrittsgelder und Patenschaften. Das Interesse an der Tuchfühlung mit den Wölfen ist riesengroß, manch angebotene Erlebnisse sind bereits ein Jahr im Voraus ausgebucht. Zudem haben sich die Besucherzahlen im Tierpark Ernstbrunn seit dem Einzug von Isegrim verdreifacht. Verschiedene Packages werden angeboten, bei manchen haben die Teilnehmer sogar die Möglichkeit, die Tiere zu streicheln, etwa bei einem Waldspaziergang mit einem Wolf oder einem Rudelbesuch im Gehege. Angeboten werden auch Fotoworkshops mit den Tieren oder sogenannte Heulnächte, bei denen Lagerfeuerromantik mit Trainingsvorführungen kombiniert wird – was uns zu Tala und Chitto zurückbringt.
Eine halbe Stunde lang führt das Wolfspärchen die Kommandos der Frauen aus, die Tiere laufen um sie herum, posieren für Fotos, berühren mit der Schnauze ihre ausgestreckten Fäuste. „Wir sind aber keine Rudelmitglieder, sondern nur Kooperationspartner", betont Trainerin Voigt. Als Tala keine Lust mehr zum Spielen hat, verschwindet die Wölfin in der Dunkelheit hinter den Bäumen „Sie sind nicht domestiziert und machen, was sie wollen. Wir akzeptieren das", sagt die Trainerin. Nachdem die Wölfe entschieden haben, dass die Vorführung zu Ende ist, bleibt noch Zeit für Fragen. Ein Besucher will wissen, was er denn machen solle, falls ihm in freier Wildbahn jemals ein Wolf begegnet. Voigt lacht und hat sofort einen Ratschlag parat. „Ganz einfach, genießen Sie den Augenblick."

Info

Wolfsforschungszentrum, Dörfles 48, 2115 Ernstbrunn
www.wolfscience.at

04 DAS KELLERDORF AM GOLINGBIR

Galgenberg, Wildendürnbach

Die Wahrzeichen der Weinviertler Gemeinde sind eine Kirchturmspitze ohne Kirche und eine Hinrichtungsstätte, auf der nie ein Todesurteil vollstreckt wurde.

Die Feuerwehrleute staunten nicht schlecht, als sich die Staubwolke nach der Sprengung der baufälligen Petruskirche verzogen hatte. Die Spitze des Turms lag, bis auf ein paar Dellen, fast unversehrt vor ihnen und Wildendürnbach hatte von nun an ein Wahrzeichen. Der unbeschädigte Rest des alten Gotteshauses wurde auf dem höchsten Punkt des Golingbir, wie die Einheimischen ihren Galgenberg im Volksmund liebevoll nennen, zwischen den Weingärten aufgestellt und ziert ihn seit 1971 wie das Sahnehäubchen die Schwarzwälder Kirschtorte. Winzerin und Kellergassenführerin Manuela Leisser läuft vor uns zwischen den Reben des Schauweingartens auf den Hügel. „Wenn ihr am Seil zieht und die Glocke läutet, dürft ihr euch etwas wünschen", sagt sie. Die ehemalige Kirchturmspitze hat ihr Ausgedinge in einer Höhe von 256 Metern nordöstlich des Ortskerns gefunden, von wo sich ein herrlicher Panoramablick auf das Umland bietet. Zu unseren Füßen fädeln sich auf drei Etagen rund um den kleinen Berg 184 Presshäuser und Keller zu einem lieblichen Zwergerldorf-Collier auf. Weiß gekalkte Häuschen reihen sich nebeneinander, auf manchen Dächern wachsen Blumen und Grünpflanzen. Obwohl es sich genau genommen um ein Kellerdorf und keine Gasse handelt – oder vielleicht gerade deshalb – wurde das einzigartige Ensemble 2013 zur schönsten Kellergasse Niederösterreichs gewählt. „Im Zuge dieser Auszeichnung sind viele Keller restauriert oder wiederhergestellt worden. Unser Golinbir war schon immer schön, aber durch die Bestätigung von außen wissen wir ihn noch viel mehr zu schätzen", sagt Leisser. „Früher waren die Keller reine Zweckbauten, erst heute sind sie Prestigeobjekte oder dienen der Erholung."

 Zufluchtsort und Stätte der Gerichtsbarkeit

Die Entstehung der Kellergasse hatte mit Chill-Out-Zonen nicht das Geringste zu tun. Die Menschen aus der Region gruben sich während des Dreißigjährigen Krieges Erdställe und Löcher in die Lösshänge, um ihr Hab und Gut oder sich selbst vor Angreifern und Plünderern zu verstecken. „Unser

Der höchste Punkt am Galgenberg

04

Der Golingbir im Winter

Landstrich war über Jahrhunderte ständig ein Kriegsschauplatz. Es ist sehr flach hier, brandschatzen und plündern erforderte von durchziehenden Horden keine großen Anstrengungen", erzählt Leisser. Seinen Namen hat der Hügel von dem Galgen, der hier bis 1824 zur Abschreckung stand und auf alten Landkarten eingezeichnet ist. „Angeblich wurde aber nie jemand hingerichtet, zumindest gibt es diesbezüglich keine Überlieferungen." Auch in den letzten Tagen des Zweiten Weltkrieges wurde die kleine Gemeinde noch Ziel von Kampfhandlungen. „Am 20. April 1945 wurden wir bombardiert und beschossen, in einer Kellertür kann man noch Einschusslöcher sehen", erzählt die Winzerin. Nach dem Krieg dienten die Erdkeller unter anderem als Zufluchtsorte für junge Frauen, die sich vor den Russen versteckten.

Offene Kellertüren und Besucherkeller

Heute werden in Wildendürnbach nur noch rund vierzig Hektar Rebflächen bewirtschaftet. Hauptberufliche Hauer gibt es in der Gemeinde nicht mehr, nur noch Hobbywinzer. Leisser erinnert sich an ein Zitat ihrer Großmutter: „Der Wein will jeden Tag seinen Herrn sehen."

An den Wochenenden von Mai bis September öffnen Winzer am Galgenberg abwechselnd ihre Kellertüren für Besucher, die dort Weine verkosten und erstehen können. Heute ist Kellerführer und Hobbyhauer Siegfried Stöger an der Reihe. Er bewirtet uns mit Wein und zeigt uns seine Kellerröhre mit dem Gürtelgewölbe, in dem er seine Flaschen aufbewahrt. Am Golingbir wird der Rebensaft schon lange nicht mehr verarbeitet, sondern nur gelagert. Einen Heurigen sucht man hier vergebens, genauso wie fließendes Wasser. Vor zwei Jahren wurde allerdings ein Besucherkeller installiert, der rund um die Uhr geöffnet ist. Darin steht ein Kühlschrank, der regelmäßig mit Wein und Erfrischungsgetränken bestückt wird. Gäste dürfen sich selbst bedienen, Preisliste und Kassa finden sie auf dem Tisch nebenan. Die Radwege, die am Galgenberg vorbeiführen, bringen meist „sanfte" Touristen, Massentourismus wird ohnehin nicht angestrebt. Auch Unterkünfte gibt es nicht, selbst die Besitzer dürfen offiziell nicht in ihren Kellern übernachten. Die einzigen Bewohner am Hügel sind kleine Tiere, vor allem Feldhasen verstecken sich gerne im Gebüsch.

Info

Treffpunkt bei Führungen: Hubertuskapelle am Galgenberg, 2164 Wildendürnbach, *www.wildenduernbach.at*

LANDLEBEN IN JENEN TAGEN

Museumsdorf Niedersulz

05

Das größte Freilichtmuseum Niederösterreichs vermittelt die Authentizität eines typischen Weinviertler Dorfes von vor mehr als hundert Jahren.

Die Schulbank, auf der wir sitzen, ist wohl genauso hart wie das Landleben anno dazumal. Schwer vorzustellen, dass in den beiden Klassenzimmern der Volksschule Gaiselberg einst rund 90 Kinder gleichzeitig von nur einem Lehrer unterrichtet wurden. Auf den kleinen Schiefertafeln, die auf den Pulten liegen, ist kaum Platz zum Schreiben, doch Papier war damals für die Bauernfamilien unerschwinglich. Ein Original-Lehrmittelkasten ist befüllt mit seinerzeitigen Unterrichtsutensilien, etwa ausgestopften Tieren. An der Wand verraten das Gemälde von Kaiser Franz Joseph I. und die Kurrentschrift auf der Schultafel, in welche Periode wir gereist sind. „Meistens war ohnehin nur ein Teil der Kinder anwesend", erläutert Kulturvermittlerin Eva-Maria Gabriel, die mit Passion durch das Museumsdorf führt. „Sie mussten am Hof der Eltern mitarbeiten, das war viel wichtiger als der Unterricht." Auch der Lehrer führte ein armseliges Dasein, er lebte in der kleinen angeschlossenen Dienstwohnung und wurde von den Eltern seiner Schüler mit Nahrungsmitteln und Brennholz versorgt.

Im Museumsdorf Niedersulz, dem größten Freilichtmuseum Niederösterreichs, finden auf einer Fläche von 22 Hektar etwa 80 Objekte ihren letzten Daseinszweck. Manche zählen bis zu 250 Lenze, das älteste datierte Gebäude soll aus dem Jahr 1704 stammen. Dem Sammler Josef Geissler ist es zu verdanken, dass sie an ihrem ursprünglichen Platz abgetragen und hier wieder detailliert rekonstruiert und aufgebaut wurden. Alles begann 1979 mit der Übertragung eines über 200 Jahre alten Streckhofes auf dieses Areal, das dem sammelwütigen Geissler von der Gemeinde zur Verfügung gestellt wurde. Seitdem wuchs der Landstrich kontinuierlich um Bauernhöfe, Handwerkerhäuser, Stadel, ein Dorfwirtshaus, vier Kapellen, einen Friedhof, Gärten, eine Kellergasse, eine Mühle oder die besagte Volksschule und noch einiges mehr. Ausstellungen und Schwerpunkttage vermitteln den Besuchern zusätzlich altes Handwerk und Bräuche. Durch die Anordnung der Gebäude entstand eine Anlage, die einem typischen Weinviertler Dorf von vor hundert Jahren gleicht. Allerdings gibt es hier nur einen einzigen Bewohner: Geissler selbst. Der ist mittlerweile in Pension und hat für seine Verdienste den Ehrentitel „Professor" verliehen bekommen. Das Museum wird mittlerweile von einer gemeinnützigen Betriebsgesellschaft betrieben und lockt mittlerweile pro Saison rund 50.000 Besucher an. Sie kommen aus dem In- und Ausland, um auf den autofreien Schotterwegen zwischen duftenden Schaugärten, urigen Häusern und Wirtschaftsgebäuden zu schlendern. Doch die vordergründige Idylle trügt, der Alltag der ehemaligen Besitzer und Bewohner der Ausstellungsstücke war sehr beschwerlich. Auch das will man im Museumsdorf vermitteln.

Romantische Arkaden und sentimentale Besucher

Einige Gebäude können Besucher nur im Rahmen einer Führung betreten. „Viele Bauern hatten Dienstboten. Auch ihre Kinder mussten schon mit 14 Jahren in der Fremde arbeiten und das war alles andere als lustig", sagt Gabriel, während sie die Tür zu einem der Höfe aufschließt. Ein älterer Herr sei einmal bei einer ihrer Führungen in Tränen ausgebrochen. „Er war der ledige Sohn einer Magd und wurde hier von den Erinnerungen an seine harte Kindheit eingeholt", erzählt sie just, als wir durch die so romantischen, strahlend weiß gestrichenen Arkaden spazieren. Hinter dem Hof befindet sich das Ausgedinge, ein kleines Häuschen, in das das Altbauern-Ehepaar nach der Hofübergabe ziehen musste. Manchmal waren der Altbauer und die Altbäuerin zu diesem Zeitpunkt erst Mitte vierzig. Da es damals für Bauern noch keine Pension gab, lebten sie von dem, was sie im eigenen Garten anpflanzten und den Nahrungsmitteln wie Speck, Brot und Eier, die sie von den Erben bekommen mussten.

Am nahegelegenen Dorfplatz gegenüber dem realen Wirtshaus, in dem ausgezeichnete regionale Kost serviert wird, befindet sich eine Gaststätte, die ursprünglich in Poysdorf stand. Das Schankgitter, das der Wirt bei Dienstschluss heruntergelassen hat, um seinen Wein vor den Gästen zu schützen, ist noch genauso vorhanden wie die rustikalen Tische und Bänke. „Von Poysdorf nach Wien war man damals mit der Pferdekutsche drei Tage lang unterwegs", sagt Gabriel. „Alle 10 bis 20 Kilometer gab es ein Einkehrwirtshaus, in dem die Händler zu ihrer eigenen Sicherheit übernachteten, damit sie nicht ausgeraubt werden konnten." Neben der Gaststätte befindet sich eine Greißlerei, die 1976 geschlossen wurde, aber eher den Eindruck erweckt, als ob die Urgroßmutter gleich zur Tür hereinkommen würde. Eine dieser typischen alten Ladenkassen steht auf der Theke, im Regal sorgen Linde-Kaffee und Meinl-Kakao für nostalgische Gefühle. So

Wäsche waschen wie unsere Großmütter

Harte Schulbank

05

Die Greißlerei

wie in den meisten Gebäuden des Museums wird auch hier der durchaus gewollte Eindruck erweckt, als ob die Besitzer gerade den Raum verlassen hätten. Einmal ist es der gedeckte Tisch in der Bauernstube, dann das überzogene Strohbett des Sattlergesellen oder die ranzige Kernseife in der Waschschüssel des Lehrers. Doch gerade das macht das Museumsdorf aus. Hier geht es nicht um große Schlachten oder das Schicksal von Königen und Kaisern, hier dreht sich alles um den Alltag von Menschen, die nie einen Eintrag in die Geschichtsbücher bekommen werden.

Ausgedinge für zwei Fernsehstars

Am Rückweg liegt der „Lebende Bauernhof", der zur Haltung von alten Haustierrassen wie Ziegen, Hühnern, Eseln oder Gänsen genutzt wird. Auch zwei äußerst wohlgenährte Schweine dösen im dicken Schlamm und genießen die wärmende Frühlingssonne. Kaum zu glauben, dass die beiden Riesenviecher vor einigen Jahren als flinke „Ja natürlich!"-Schweinderln bei den anstrengenden Dreharbeiten für die Werbespots in Niedersulz herumwieselten. Nun bekommen sie hier ihr Gnadenbrot, und das offenbar nicht zu knapp, bis sie im Museumsdorf eines natürlichen Todes sterben. Sau g'habt!

Info

Museumsdorf Niedersulz, 2224 Niedersulz 250
www.museumsdorf.at

BURGFRÄULEINS UND RITTERSLEUT

Zeitreise ins Mittelalter, Eggenburg

06

Einmal im Jahr wird die Waldviertler Stadt zum turbulenten Mekka für Mittelalterfans.

Burgfräuleins, Gaukler, Ritter und elfenhaft anmutende Tiergestalten ziehen durch die Straßen, Musikgruppen spielen mit Landsknechttrommel, Cister und Dudelsack auf, der Geruch von gebratenem Hammel und Ochsen liegt in der Luft. In jedem Winkel der Innenstadt gibt es etwas zu entdecken. Hier speit ein Drache Feuer, dort tanzen Hexen wild mit ihren Besen, anderswo prügeln sich Mongolen, Pestärzte mit ihren unheimlich anmutenden Schnabelmasken oder Druiden mit ihren Zauberstäben streifen umher.
Das Mittelalterfest in Eggenburg ist so vielfältig wie die vermeintlich „finstere" Epoche selbst. Das Zentrum der Stadt, in dem früher die Markttage abgehalten wurden, verwandelt sich an zwei Tagen im Jahr in eine abwechslungsreiche und farbenfrohe Fantasiewelt. Als Kulisse dienen jahrhundertealte Sehenswürdigkeiten wie der Pranger, prachtvolle Bürgerhäuser und wehrhafte Türme.
Die *Zeitreise ins Mittelalter Eggenburg* findet seit 1995 am zweiten Septemberwochenende innerhalb der historischen Stadtmauern statt und lockt jedes Jahr bis zu 30.000 Besucher an. Das Event gilt mittlerweile als das größte und bedeutendste Mittelalterfest in Österreich. Rund 200 Händler bieten ihre Waren feil, von historischen Souvenirs bis zu nachgebauten Waffen, Mittelalter-Outfits und manuell gefertigter Handwerkskunst reicht das Angebot. Bei zahlreichen themenspezifischen Vorführungen wird auf verschiedenen Plätzen getanzt, Theater, Musik oder mit Marionetten gespielt, Schaukämpfe werden ausgetragen und wissenschaftliche Vorträge abgehalten. Die Besucher vergnügen sich mit Bogen- oder Armbrustschießen, trinken Honigbier, eine Gruppe junger Leute teilt sich zu fünft einen Zuber im Badehaus.
Apropos Besucher: Viele sind selbst „Schaustücke", erscheinen sie doch mit viel Liebe zum Detail „gewandet". Es wimmelt von Rittern in Kettenhemden oder Barbaren mit Fellumhängen, ein bewaffneter Landvogt schwadroniert lässig mit der englischen Königin Elisabeth I. Arm in Arm durch die Gassen. „Wir nähen unsere aufwändigen Kostüme selbst", erzählt das illustre

Baden im Zuber

Paar. Mit dem aufwendigen optischen Aufputz tingeln sie und ihre ebenfalls kostümierten Freunde von Mittelalterfest zu Mittelalterfest und sind meist ein beliebtes Fotomotiv.
Auf der Wiese unterhalb des Kanzlerturms, einem der drei Eggenburger Wehrtürme, finden die Höhepunkte des Events statt. Tagsüber duellieren sich Ritter in wildem Galopp mit Lanzen und Schwertern, abends veranstalten Feuerschlucker ein Riesenspektakel. Wer es rechtzeitig vor dem größten Andrang auf die Wehrmauer geschafft hat, kann die Vorführungen wunderbar aus der Vogelperspektive verfolgen.

363 Tage Eggenburg

Auch das restliche Jahr lohnt sich ein Abstecher. Eggenburg wird von einer zwei Kilometer langen, noch gänzlich erhaltenen Stadtmauer umgeben. Ein Rundgang auf historischen Pfaden ist entweder auf eigene Faust entlang eines beschilderten Weges oder in Begleitung eines mittelalterlich gekleideten Stadtführers möglich.
Auch zwei Museen versprechen eine kurzweilige Zeitreise. Der Sammler und Forscher Johann Krahuletz (1848–1928), hat eine unglaubliche Anzahl an Exponaten aus der Ur- und Frühgeschichte bis ins Frühmittelalter zusammengetragen. Das Krahuletz-Museum präsentiert auf vier Ebenen erdgeschichtliche, archäologische und volkskundliche Funde. Die Nostalgiewelt Eggenburg wiederum widmet sich den 1950er- und 1960er-Jahren und zeigt Fahrzeuge, Jukeboxen, Telefone aus der Vorhandy-Zeit, Film- und Fotokameras sowie wechselnde Sonderausstellungen.

Info

Verein zur Erforschung des Mittelalters in Eggenburg,
Neue Gasse 13, 3730 Eggenburg, *www.mittelalter.co.at*
Krahuletz-Museum, Krahuletzplatz 1, *www.krahuletzmuseum.at*
Nostalgiewelt Eggenburg, Hauptplatz 28, *www.nostalgiewelt.at*

Landvogt (li.) und Königin Elisabeth I. (vierte von li.) mit Gefolge

06

07 PALÄONTOLOGISCHER SUPERLATIV

Fossilienwelt Weinviertel, Stetten

Das größte fossile Austernriff der Welt liegt am Teiritzberg im Bezirk Korneuburg.

„Wie habt ihr das Austernriff hierhergebracht?", wird Ursula Artner-Rauch oft gefragt. Die Geschäftsführerin des Themenparks schmunzelt. „Vielen Leuten ist nicht klar, dass wir das Museum rund um das Naturdenkmal gebaut haben und nicht umgekehrt." Denn in Stetten wurde 2008 das größte zugängliche fossile Austernriff der Welt freigelegt. Nie zuvor war in Österreich eine dermaßen aufwendige paläontologische Grabung durchgeführt worden. Das Riff enthält 15.000 präparierte Riesenaustern, ist 16,5 Millionen Jahre alt und hat sich aus einem Wechselspiel von Fluss und Meer gebildet. Die dazugehörige Ausstellung bietet zudem Unikate wie den einzig erhaltenen Schädelknochen eines Gangesdelphins oder die größte fossile Perle der Welt. Der Fund der 45 mm großen Perle gilt als Sensation.
Einst schwammen, krochen, flogen und liefen im längst verschwundenen Weinviertler Urmeer, an den Ufern und im Dickicht des Urwalds unzählige Tierarten, die wir heute nur noch aus exotischen Regionen kennen oder schon längst ausgestorben sind. Mitte der 1970er-Jahre hatten Sammler deshalb begonnen, systematisch nach Fossilien im Korneuburger Becken zu graben. Bis die Funde der Öffentlichkeit vor Ort präsentiert wurden, sollte es dauern. Erst nachdem das Austernriff schließlich 2008 mit einem Wahnsinnsaufwand von 15.000 Arbeitsstunden unter einer vor Wind und Wetter schützenden Halle freigelegt worden war, öffnete die Fossilienwelt Weinviertel in Stetten am Teiritzberg 2009 ihre Pforten.

Das Austernriff als Leinwand

Unzählige gefundene Fossilien wie Rochenkiefer, Seekuhknochen oder Zähne von Hundebären sind in Vitrinen ausgestellt, Wissen wird aber auch in Form von medialen Inszenierungen vermittelt. Einer spektakulären Multimedia-Show dient etwa das Austernriff als Leinwand. „Wir erweitern unser Angebot zudem jedes Jahr mit innovativen Neuerungen. 2017 ließen wir zum Beispiel eine 3D App für die Ausstellung entwickeln", erzählt Artner-Rauch. Auch für Kinder wird das Thema spielerisch aufbereitet. Die Kleinen graben auf einem

Aussichtsturm in Form einer Turritella-Schnecke

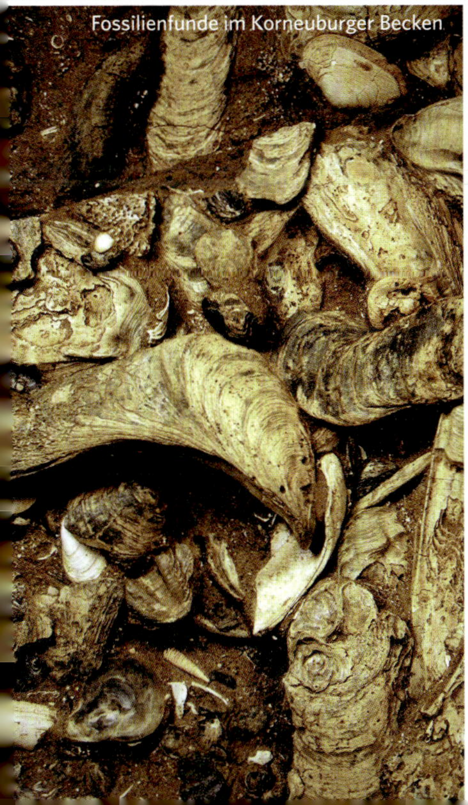

Fossilienfunde im Korneuburger Becken

Gangesdelphin

Die größte fossile Perle der Welt

Sandfeld eigenständig nach Fossilien und freuen sich über versteinerte Knochen, Zähne von Riffhaien und fossile Schnecken, die sie im Sand finden und mit nach Hause nehmen dürfen.

Als Blickfang des etwa vier Hektar großen Geländes erhebt sich auf einem Hügel ein 17 Meter hoher Aussichtsturm in Form einer Turritella-Schnecke. Neben Riesenaustern sind diese Tiere ebenso ein charakteristisches Fossil, das hier häufig gefunden wurde. Wer die 51 Stufen bis zur Aussichtsplattform hochsteigt, wird mit einem wunderschönen Ausblick über das Korneuburger Becken belohnt, etwa auf den Bisam- oder den Kahlenberg, den Wienerwald und die imposante Burg Kreuzenstein. Auf dem Weg zur Aussichtswarte passieren die Besucher 4,6 Milliarden Jahre Zeitgeschichte vom Urknall bis heute in Form einer Zeittafel am Wegesrand. Darauf symbolisiert ein Zentimeter jeweils eine Million Jahre. Erst auf den letzten 16 Zentimetern taucht das Austernriff im Korneuburger Becken auf. Und die letzten zwei Zentimeter, die markieren die Existenz der Menschheit.

Info

Fossilienwelt Weinviertel, Austernplatz1, 2100 Stetten
www.fossilienwelt.at

SIMON POLT UND SEINE HEIMAT

Polt-Radwanderweg, Pulkautal

08

Die literarische Figur Alfred Komareks charakterisiert das Lebensgefühl einer ganzen Region.

„Der echte Polt war ein behäbiger Gendarm aus Haugsdorf", erzählt Manfred Kasper, während er auf dem kleinen Platz neben seinem Weinkeller in Hadres Speck und Wurst aufschneidet. „Er war langsam, hatte aber immer ein Ohr für die Bevölkerung." Sein Freund Herbert Krautwurm nickt zustimmend. „Der Charly Polt war viel in den Kellergassen unterwegs, er war sehr gemütlich." Beide haben den mittlerweile verstorbenen Gendarmen gekannt, der Komarek angeblich als Vorbild für seine Romanfigur diente. Krautwurm ist Kellergassenführer und Polt-Begleiter, außerdem doubelte er im Poltkrimi *Alt, aber Polt* den Hauptdarsteller. „Immer, wenn man im Film Erwin Steinhauer in der Ferne radeln sieht, bin ich das." An die Dreharbeiten hat er ausschließlich gute Erinnerungen. „Das ganze Filmteam war toll. Leider war der Wein in den Gläsern immer nur Apfelsaft." Auch in der Kellergasse von Hadres, mit 1,5 Kilometern die längste „geschlossene" Kellergasse Europas, gab es häufig Filmaufnahmen. Denn hier liegt das Presshaus Simon Polts.

Ein Radweg für Poltfans

Alfred Komareks Romanfigur, in sechs Filmen brillant verkörpert von Erwin Steinhauer, ist meist mit dem Fahrrad unterwegs, manchmal mit dem Moped. Seine Fälle löst er durch Beobachtung. Das Weinviertler Pulkautal ist Vorbild für das literarische Wiesbachtal, in dem der Gendarmerieinspektor ermittelt. Hier wurden auch die Krimis gedreht, in denen die Langsamkeit eine Hauptrolle spielt. Polt ist schweigsam und ein bisschen behäbig, aber auch warmherzig und gemütlich. Das Pulkautal ist ihm ähnlich. Die Landschaft ist sanft gewellt, auf Rebenhügeln reifen Trauben in der Sonne, in den langgestreckten Straßendörfern findet man oft beschauliche Kellergassen, in denen die Zeit stehengeblieben zu sein scheint. Manchmal begegnet man ein paar Radfahrern oder entdeckt einen Traktor in der Ferne, selbst in den Ortszentren trifft man nur wenige Menschen.
Der Polt-Radwanderweg hat eine Länge von 58 km und führt zu verschiedenen Drehorten, die mit Informationstafeln beschildert sind. Es gibt jedoch

keine bestimmte Abfolge der Tour, die in sechs Abschnitten verläuft, durch verschiedene Orte führt und je nach Gusto gefahren werden kann. Jetzelsdorf ist ein guter Ausgangspunkt. Der kleine Ort weist eine Besonderheit auf, nämlich zwei Kirchen. Eine ist Gott geweiht, die andere dem Wein. Zudem wurden im Winzerhof der Familie Bauer Szenen mit Paulus Manker und Birgit Minichmayr als Ehepaar Fürnkranz gedreht, im nahegelegenen Auggenthal verbrachte der Film-Polt eine lange Nacht vor der Ortskapelle. Zwischen Mailberg und Obritz ist in den Rebenhügeln ein Weinbrunnen, ebenfalls ein Drehort, versteckt, der alle Wesensmerkmale einer entspannenden Raststation vereint. Neben einer pittoresken Aussicht und absoluter Ruhelage können aus dem Brunnen gegen einen kleinen Betrag kühle Getränke hochgekurbelt werden.

Weitere Stationen des Radweges sind unter anderem das alte Tonkino in Großkadolz, an dem Polt mehrmals vorbeiradelt und das schon seit vielen Jahren geschlossen ist, oder das Gasthaus Kopp in Mailberg alias „Kirchenwirt", in das er so gerne einkehrt. Leider wurde es von der ewigen Sperrstund' erfasst. Highlights sind auch die „Dörfer ohne Rauchfang", in denen der Gendarm oft wandelt. In den für die Region so typischen Kellergassen fanden zahlreiche Dreharbeiten statt, etwa in Alberndorf, Haugsdorf oder Obritz. Polts Filmwohnung befindet sich ebenfalls in Hadres, im Haus Nummer 5. Hier lebte er hinter einem grünen geschnitzten Sonnen-Tor mit lang gestrecktem Innenhof. Die echten Bewohner des Hauses sind die Haupts, ein älteres Ehepaar. Als Frau Haupt zufällig aus dem Haus kommt, entwickelt sich ein Gespräch und sie lässt uns eintreten. In ihrer Küche steht ein „Requisit", ein grob geschätzt 200 Jahre alter blauer Kachelofen, auf dem sie noch immer kocht. Mit Autor Komarek sei sie gut bekannt, dem habe der alte Bauernhof schon immer gut gefallen. Die Dreharbeiten seien aber sehr turbulent gewesen, erzählt sie. „Ich musste in die Kellergasse ziehen, weil ich dem Filmteam zu viel geredet habe." Und der Ehemann? „Der durfte bleiben."

Schlüsselkeller und Köllastund'

Genau in der Mitte der Kellergasse von Hadres besitzt Manfred Kasper einen sogenannten Schlüsselkeller. „Er ist nicht parzelliert, der Besitzer ist einfach der, der den Schlüssel hat. Man kann den Kauf eines Kellers schriftlich oder auch nur per Handschlag besiegeln. Das ist im Pulkautal so üblich", erzählt er, während er noch eine Flasche Wein öffnet. Gleich neben seinem Keller hat er gemeinsam mit Freunden das einladende sogenannte Kleinhäuslerplatzl angelegt. „In der ganzen Kellergasse gibt es keine Einkehrmöglichkeit. Oft biete ich vorbeifahrenden Radfahrern etwas zum

Selbstbedienung beim Weinbrunnen

Die Kellergasse von Hadres

08

Einkehr am Kleinhäuslerplatz

Trinken und manchmal auch einen Imbiss an." Der Unkostenbeitrag sei freiwillig. An einer Wand sind sieben Hufeisen angebracht. Wer eines berührt und gleichzeitig ein paar Geldstücke in den Schlitz wirft, dem wird – so verspricht eine Hinweistafel – das Glück zur Seite stehen. Mit dem Erlös wird Pulkautaler Spitzenwein angekauft, um wiederum Touristen und Kleinhäusler zu bewirten.

Der Erhalt der alten Kellergassen liegt Manfred Kasper und Herbert Krautwurm sehr am Herzen. „Die Köllastund' ist für uns wichtig, die gehört einfach zu unserer Kultur", ist der Polt-Begleiter überzeugt. Es handelt sich dabei um einen sehr dehnbaren Zeitbegriff, denn eine Stunde im Keller vergeht rasend schnell, und man weiß nie, wie lange sie dauert, aber sie ist sehr gemütlich. Unsere Recherchen können das nur bestätigen.

Der Komarek, der habe das Lebensgefühl in seinen Geschichten sehr gut transportiert. „Er ist ein ruhiger Typ. Wenn er im Gasthaus sitzt, beobachtet er meistens und hört zu, wie die Leute reden", sagt das Steinhauer-Double. Polt ist nicht nur eine Roman- oder Filmfigur. Polt beschreibt eine Lebenseinstellung. Ausgerechnet ein gebürtiger Steirer hat die Seele einer Weinviertler Region und ihrer Bewohner mit so viel Feingefühl zwischen Buchdeckel gegossen.

Info

Der **Polt-Radwanderweg** ist eine familienfreundliche Strecke mit sehr mäßigen Steigungen. *www.weinviertel.at/der-polt-weg, www.pulkautal.at*

In den Orten Jetzelsdorf, Alberndorf, Kadolz und Mailberg gibt es **Radlerraststätten** mit Selbstbedienung, in Großkadolz befindet sich die **Euregio-Vinothek,** die jeden Sommertag ab 16 Uhr geöffnet ist. Hier werden regionale Weine zu Ab-Hof-Preisen verkauft.

Führungen sind nach telefonischer Voranmeldung bei Kellergassenführer, Simon Polt-Begleiter & -Double Herbert Krautwurm möglich. Tel.: +43(0)676 7734963.

TAUSENDE VON JAHREN AN EINEM TAG

MAMUZ, Schloss Asparn/Zaya, Museum Mistelbach

09

40.000 Jahre Menschheitsgeschichte werden an zwei Standorten im Weinviertel anschaulich und interaktiv für Besucher aufbereitet.

Aus einem mit Vlies gefüllten Korb zupft Elisabeth Wimmer eine Faser heraus und befestigt sie an einer Handspindel, die sie mit Daumen und Zeigefinger festhält. Dann führt sie den Faden über die Spindelscheibe und legt die Faser mehrmals langsam um den Spinnstab. „Etwa so hat man bis ins frühe Mittelalter Fäden erzeugt, um damit Textilien zu weben", erklärt die MAMUZ-Mitarbeiterin, die uns durch das archäologische Freigelände des MAMUZ Schloss Asparn/Zaya begleitet. Wir passieren unter anderem ein Tipi aus Kuhleder, eine Jurte, ein jungsteinzeitliches Langhaus und ein keltisches Heiligtum. Die Bauten wurden mit viel Liebe zum Detail dekoriert und eingerichtet. Im angrenzenden Handwerkerviertel sind keltische Arbeitsstätten untergebracht, etwa eine Eisenschmiede oder eine Glasmacherhütte. Doch heute arbeitet nur ein Specht, der emsig ein Loch in einen der alten Baumriesen klopft. „Im Juli und August bieten wir jedes Wochenende ein vielfältiges Kursprogramm für historisches Handwerk an", erzählt Wimmer. „Interaktive Vermittlung von Wissen spielt bei uns eine sehr große Rolle."
Besucher lernen bei Festen und Workshops auf dem Gelände die alten Kulturtechniken unserer Vorfahren. Sie schmieden Werkzeug, gießen Bronze, bauen Bögen und Trommeln, töpfern, stellen Lederköcher her, färben Wolle mit Pflanzenfarben oder flechten Weiden. In den Lehmkuppelöfen wird Brot aus Getreideschrot und Wasser gebacken. Aus nur zwei Zutaten, wie vor Tausenden von Jahren. Zusätzlich veranstaltet das MAMUZ jede Saison zu bestimmten Terminen historische Themenfeste. Je nach Event entzünden Kelten in der Nacht ihre Feuer, kämpfen wilde Hunnenkrieger auf Pferden vor dem Schloss, messen sich Bogenschützen und Speerwerfer.

Zwei Standorte und ein Mammut

Der Name MAMUZ steht für die Abkürzung „Mistelbach Asparn Museums-Zentrum" und soll auch an eines der bekanntesten Tiere der Urgeschichte erinnern. Im Eingangsbereich von Schloss Asparn heißt ein Mammut

Ausstellung im Schloss Asparn/Zaya

in Originalgröße die Besucher willkommen. Während hier neben kleineren Sonderausstellungen vor allem die umfangreiche und ständig erweiterte Dauerausstellung zum Thema Ur- und Frühgeschichte sowie Mittelalterarchäologie gezeigt wird, fasziniert der zweite und jüngere MAMUZ-Standort Museum Mistelbach mit wechselnden außergewöhnlichen Sonderschauen, die sich in den letzten Jahren zum Beispiel den Pyramiden, Ötzi oder Stonehenge widmeten.
Im archäologischen Freigelände von Schloss Asparn/Zaya wurden und werden Behausungen, Werk- und Kultstätten aus der Steinzeit, die mit dem Auftreten der ersten Menschen vor rund 2,5 Millionen Jahren begann und etwa um 5.000 v. Chr. endete, über die Bronzezeit bis in die Eisenzeit (ab ca. 800 v. Chr.) originalgetreu nachgebaut. Dabei orientiert sich das Museum an den wichtigsten prähistorischen Funden des Landes Niederösterreich und den neuesten Erkenntnissen der Wissenschaftler. Zwischen den Hütten aus Lehm und Holz werden auf Äckern bekannte Getreidesorten und Kräuter aus der Urgeschichte angebaut, im Inneren des Schlosses die wichtigsten archäologischen Originalfunde auf drei Stockwerken und einer Fläche von 1.100 m² präsentiert. Die Ausstellung reicht von der Urgeschichte bis ins Frühmittelalter, wurde mit modernsten Mitteln aufbereitet und ist so umfassend, dass eine detaillierte Beschreibung den Rahmen sprengen würde. Ein Höhepunkt ist etwa die Venus von Falkenstein, eine jungsteinzeitliche Statuette, die noch immer gut erkennbar die Reste ihrer Bemalung trägt. Beeindruckend ebenso die Zwillinge von Wachtberg, zwei Säuglinge, die in der Nähe von Krems vor rund 30.000 Jahren unter einem Mammut-Schulterblatt bestattet worden sind. Besonders erwähnenswert sind auch die zahlreichen interaktiven Stationen des Museums, die die Vergangenheit

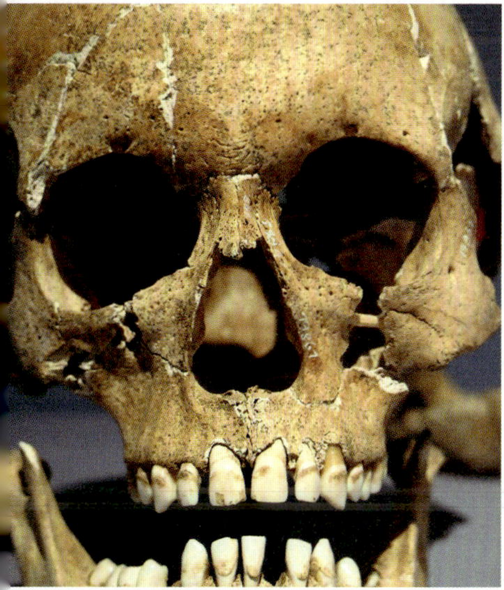

Keltenfest

Fund aus dem Weinviertel: das keltische Heiligtum von Roseldorf

09

greifbar machen. Unter anderem kann man „Fundstücke“ ausbuddeln, ein Schwert heben, Bogenschießen oder die Härtegrade von verschiedenen Metallen testen.

Kinder sind von der interaktiven Geschichtsvermittlung im MAMUZ besonders begeistert und lernen hier spielerisch, wie Menschen vor Tausenden von Jahren ihren Alltag meisterten. Am Ende der Ausstellung wird den Sprösslingen noch eine „Archäologen“-Frage gestellt. „Was würdest du in der Erde verstecken, damit niemand anders es findet?“ Einige der in krakeligen Handschriften verfassten Antworten hängen auf einer Pinnwand und bringen wohl so manchen großen Museumsbesucher zum Schmunzeln oder Staunen. Miss Digital Native möchte „Hendi, Teblet (sic) und Schoko“ in der Tiefe versenken, eine individualistisch veranlagte Seele notierte „Mein Haus und mich“. Zwei Mädchen streben lobenswerterweise nach dem Weltfrieden und träumen davon, „Atomwaffen“ beziehungsweise „das Übel“ zu verscharren. Etwas eigennütziger klingt der Wunsch eines jungen Mannes: „Ich würde eine Schatzkammer verstecken nur für mich!!! ... oder viel Geld.“ Bei diesem Nachwuchs ist gewiss: Auch in ferner Zukunft werden Archäologen noch Erstaunliches aus der Erde buddeln.

Info

MAMUZ, Schloss Asparn/Zaya, Schlossgasse 1, 2151 Asparn/Zaya.
MAMUZ Museum Mistelbach, Waldstraße 44-46, 2130 Mistelbach
www.mamuz.at

EIN BERG UND SEINE ATTRAKTIONEN

Heldenberg, Kleinwetzdorf

10

Das große Areal rund um eine Gedenkstätte aus der Kaiserzeit hat sich zu einem Besuchermagnet mit verschiedenen Freizeitangeboten gemausert.

Eine Säulenhalle, mehrere Obelisken, zwei Siegessäulen, eine Gruft und 169 Denkmäler von Heerführern, Herrschern, Rittern und Soldaten reihen sich in dem weitläufigen Park zu einer martialischen Anlage und entführen in die längst vergangene Zeit der Monarchie, in der Kriegsherren noch als Helden verehrt wurden. Im dazugehörigen Museum wurden Szenen aus Radetzkys Leben mit Zinnfiguren nachgestellt, unter anderem auch die „Schlacht um Aspern" mit rund 3.000 Figuren.

Die Gedenkstätte, die im Jahr 1848 zu Ehren des Feldherren Joseph Wenzel Graf Radetzky von Radetz (1766–1858) errichtet wurde, war 1971 auch Namensgeber für die Gemeinde Heldenberg, die damals aus einer Zusammenführung mehrerer Ortschaften entstand. Heute ist das Areal am Heldenberg in Kleinwetzdorf ein Besuchermagnet mit verschiedenen Attraktionen, die nach und nach entstanden sind. So wurden etwa auf dem Aussichtshügel ein Kreisgraben und ein neolithisches Steinzeitdorf rekonstruiert, in dem prähistorische handwerkliche Tätigkeiten präsentiert werden.

Neben dem Eingangsbereich des Areals begeistert Kollers's Oldtimer Museum nicht nur Autonarren. Rund 150 historische Fahrzeuge vom Beginn der Autofabrikation im Jahr 1886 bis in die 1980er-Jahre. Die Oldtimer, die der Waldviertler Unternehmer Rudolf Koller zur Verfügung gestellt hat, sind in einer zweistöckigen Halle ausgestellt. Sie dokumentieren mehr als 130 Jahre Geschichte der mobilen Fortbewegung und zeigen die Entwicklung von der Kutsche bis zum modernen Sportwagen. Mehr als 80 verschiedene Hersteller sind vertreten, besondere Schmankerl sind etwa der Lotus 69 des später tödlich verunglückten österreichischen Formel-1-Weltmeisters Jochen Rindt, ein Privatauto des ehemaligen Bundeskanzlers Bruno Kreisky oder ein vierzylindriger „Kaiserwagen" aus dem Jahr 1911 von Renault. Historische Fahrräder, Motorräder und Traktoren ergänzen die liebevoll zusammengestellte Schau.

Das weiße Ballett trainiert am Heldenberg

Nach einem Spaziergang durch den malerischen Englischen Garten, der 2005 nach einer akribischen Restaurierung wiedereröffnet wurde, gelangt man zu den Stallungen, in denen die Lipizzaner im Trainingszentrum der Spanischen Hofreitschule trainiert werden. Im Rahmen von Führungen dürfen Besucher die Hengste dabei beobachten oder im Stall streicheln. Dabei spürt man die ausgeprägte Muskulatur und Stärke der edlen Tiere unter dem weichen Fell. Am Heldenberg machen die Pferde mit ihren Bereitern Ausflüge in den Wald oder grasen friedlich auf der Koppel. 2010 wurden die Stallungen winterfest gemacht, seitdem werden Junghengste hier für die Vorführungen der Spanischen Hofreitschule in Wien trainiert.

Könige der Lüfte

Mario Aigner ist ein Mann, der Kummer gewöhnt ist. Mal durchlöchert ihm Falkland-Karakara Spencer den Autorücksitz, dann zwickt ihn Sperbergeier Chilli mit seinem rasiermesserscharfen Schnabel ins Gesicht, Weißkopfseeadler Bella zerkratzt ihm mit Vorliebe die Hände. Trotzdem nennt der Falkner seine Greifvögel liebevoll „Lauser" und beteuert, dass er den schönsten Beruf der Welt habe. Heute hat Falkendame Olga keine Lust, ihrem Jagdtrieb während der Flugshow zu folgen. „Angriff, Lauser, hopp!", schreit Falkner Mario Aigner zum wiederholten Male, er ist schon etwas außer Atem. Dabei dreht er das Federspiel - einen Lederbeutel, an dem ein Stück Fleisch befestigt ist - und schleudert es in die Luft, um den Greifvogel vom Baum zu locken. „Geduld ist die wichtigste Eigenschaft von uns Falknern, unsere Greifvögel bestimmen unseren Berufsalltag 365 Tage im Jahr", erklärt er. Nahe dem Steinzeitdorf auf Aigner's Falkenhof erhalten Besucher einen umfassenden Einblick in den Alltag von Greifvögeln und Falknern. Rund vierzig Vogelarten sind in den Volieren zu bestaunen, etwa Gänsegeier, Schleiereulen, Turmfalken oder Steinadler. Einige Tiere sind ganz besondere Exemplare. Schakalbussard Mc Gyver ist der einzige seiner Art in Österreich, Sakerfalkendame Puppi mit ihren 21 Jahren ein wahrer Falken-Methusalem. Bei den regelmäßig stattfindenden Flugshows präsentiert das Ehepaar Marion und Mario Aigner eine Auswahl ihrer Schützlinge und ihres Trainingprogramms.

Info

Heldenberg, Wimpffen-Gasse 5, 3704 Kleinwetzdorf
www.derheldenberg.at, www.falkenhof-heldenberg.com

Lotus 69
von Jochen Rindt

Lipizzaner am Heldenberg

Mario Aigner mit einem seiner Lauser

WO WOLFERL EIN ÖRTCHEN AUFSUCHTE

11

Pinkelstein Kellergasse, Raschala

In einem kleinen Dorf im Weinviertel machten die Einwohner vor mehr als vierzig Jahren aus Mozarts angeblich dringendem Bedürfnis eine Tugend und damit aus ihrer urigen Kellergasse einen Kultort.

Mehr als 20 weißgetünchte Presshäuser, umrahmt von Wald und Feldern, säumen den Weg aus Pflastersteinen, der zum Herzstück des Ortes führt, dem Kellerplatzl. Eine Hengstpresse mit Strohdach ziert das ruhige Fleckchen, die Sitzgruppe unter dem großen Lindenbaum verführt zum Bleiben. Daneben plätschert ein Bächlein, davor ruht die bedeutendste Attraktion des Ortes, der Pinkelstein, und geht seiner ureigensten Bestimmung nach, er ruft einen wahrlich geschichtsträchtigen Augenblick ins Gedächtnis.
„Seit mehr als vierzig Jahren gibt es die Geschichte, dass Mozart in unserem Dorf aus der Postkutsche gestiegen ist, um sich auf einem Stein zu erleichtern. Wer das nicht glaubt, soll mir das Gegenteil beweisen", sagt Werner Daim, Vizepräsident der „Raschalaer Köllamauna", verschmitzt, während er die Gläser am Tisch mit selbstgekeltertem Rotwein füllt. Präsident Professor Helmut Leierer nickt zustimmend. „Wir haben den Pinkelstein 1976 mit großem Pomp aufgestellt und eingeweiht. Seitdem steht er in unserer Kellergasse." Die beiden Herren sind Herz und Hirn der Pinkelsteinlegende, die das 300-Einwohner-Dorf in viele Munde brachte.

Wie es gewesen sein könnte ...
Musikgenie Wolfgang Amadeus Mozart (1756–1791) fuhr immer wieder in Kutschen quer durch den Kontinent, um sein außergewöhnliches musikalisches Können zu präsentieren. Eine Reise führte ihn auch von Wien nach Prag, und weil auch Wunderkinder menschliche Bedürfnisse verspüren, hat er während eines Zwischenstopps im Jänner 1787 neben der alten Poststraße sein Geschäft verrichtet. Zu diesem Zwecke erwählte er einen Stein unter einem großen Lindenbaum, um ihn mit seinem Strahl zu veredeln. Der Ort, an dem sich diese bedeutsame Begebenheit zutrug, war das kleine Weinviertler Dorf Raschala nahe Hollabrunn. Die knapp 300 Dorfbewohner erfreuen sich noch immer an Mozarts Pinkelstein, benann-

Pinkelstein
Kellergasse

11

ANNO DOMINI MDCCLXXXVII LIESS
WOLFGANG AMADEUS MOZART
AUF SEINER REISE NACH PRAG
JUST AN DIESER STELLE SEINE
KUTSCHE ANHALTEN
SEITHER HEISST IM VOLKSMUND
DIESER STEIN
PINKELSTEIN

ten danach ihre Kellergasse und präsentieren ihn seit 1976 der Öffentlichkeit.

Wie es halt so war ...

Auf einer feuchtfröhlichen Vereinssitzung der „Raschalaer Köllamauna" im Jahr 1975 schwadronierten die Mauna von der alten Poststraße zwischen Wien und Prag, die einst durch Raschala führte und davon, wer hier wohl einst Halt gemacht haben könnte. Einer von ihnen erwähnte Mozart, der 1787 nach Prag fuhr, um die Uraufführung seiner Oper *Don Giovanni* zu dirigieren. Ab dann soll sich laut dem Ohrenzeugen Helmut Leierer folgender Dialog entwickelt haben:
Köllamau A: „Was wird der schon bei uns gemacht haben?"
Köllamau B: „Gwischerlt wird er hobn."
Köllamau C sprang auf einen Stuhl und rief mit ausgestreckten Armen: „Das ist ein Denkmal wert."
Werner Daim wiederum zitiert einen anderen angeblich entscheidenden Satz dieses Abends: „Überall hams woas, nua mia ham nix."
Gesagt, getan, die Köllamauna holten einen Granitblock von der Waldviertler Kogelhaide und versahen ihn mit einer Gedenktafel, die Mozarts angeblichen Austritt in blumigen Worten beschreibt, und stellten ihn in ihrer urigen Kellergasse auf. Medien berichteten, Besucher kamen, jedes Jahr wurde in der Kellergasse ein rauschendes Pinkelsteinfest mit Musik und Tanz gefeiert. 1996 gründeten die Köllamauna im Zuge eines dieser Feste den Freistaat Raschala, mit eigenen Münzen (1 Pinkler sind 100 Tröpfler)

und einer pink-grünen Flagge. Bei Kellergassenführungen wird die Herkunft des Ortsnamens so erklärt: „Bei uns wird das Glas rascha la."
2006 wagte ein humorbefreiter Lokalhistoriker den Versuch, den Pinkelstein zu entzaubern. Es handle sich um einen ganz gewöhnlichen Stein, Mozart sei nie in Raschala auf der Durchreise gewesen, weil die Poststraße zu diesem Zeitpunkt längst anderswo verlaufen sei, lautete seine Erklärung.
Diesen Angriff auf ihren Mythos ließen die Dorfbewohner nicht auf sich sitzen und konterten mit einem neuen Fund, der endgültig den Beweis für die Echtheit des Pinkelsteins liefern sollte. Laut einem KURIER-Bericht vom 1. April 2006 wurde die Originaltafel aus dem Jahr 1788, die ursprünglich auf dem Pinkelstein angebracht war, auf einem Dachboden gefunden.
Die Aufschrift zitiert einen Augenzeugen des historischen Ereignisses:

Und sah ich nicht den Meister stehn
vormals am Bachesrand, den Grossen sein Geschaeft versehen,
den Kleinen in der Hand?
Der Stein der diese Tafel haelt
soll immer auch berichten
in Wahrheit grosser Musenheld
auch kleines muss verrichten! (sic)
Raschala Anno Domini 1788

Wem diese aussagekräftige Entdeckung noch immer nicht Beweis genug für die Echtheit des Pinkelsteins ist, dem ist nicht zu helfen …
„Mittlerweile veranstalten wir das Pinkelsteinfest nur noch jeden Faschingssonntag in Schaltjahren", erzählt Leierer. Im Sommer gibt es jährlich das traditionelle „Ringelreihn beim Pinkelstein" mit Tanz und Musik, und am ersten Adventsonntag findet ein Adventmarkt statt. Die treibenden Kräfte, der 87-jährige Professor und der 76-jährige Daim, seien eben auch schon in die Jahre gekommen. Den Stein, der seit einigen Jahren auch nachts beleuchtet ist, kann man noch immer neben dem beschaulichen Kellerplatzl und der großen Linde besichtigen. Und das seit vierzig Jahren.

Info

Pinkelstein Kellergasse, Alte Poststraße, 2020 Raschala,
„Raschalaer Köllamauna", *www.pinkelstein.at*

12 AUF SAND GEBAUT

Retz

Unter der Stadt schlummern tertiärer Sand und ein 700 Jahre altes Labyrinth - der größte historische Weinkeller Österreichs.

Zur Sicherheit hat der erfahrene Kellerführer eine Taschenlampe eingesteckt, man weiß ja nie. „In Retz kann man sich oberirdisch nicht verlaufen, nur unterirdisch", sagt Leopold Stangl, bevor er als erster die Stufen hinabsteigt. Die Gänge, die bei Führungen öffentlich zugängig sind, werden elektrisch beleuchtet, die restlichen 95 Prozent sind in Privatbesitz und versinken wohl meist in Dunkelheit. Rund 20 Kilometer lang und bis zu 20 Meter tief ist das Labyrinth insgesamt, mancherorts auch dreigeschossig. Der historische Weinkeller der Stadtgemeinde dehnt sich wesentlich weiter aus als das oberirdische Straßennetz. „Das wurde vermessen und ist amtlich", bestätigt Stangl. Die Retzer nutzen den Keller auch kulturell, vor kurzem etwa wurde 14 Meter unter Tage, wie auch in den Jahren zuvor, ein Theaterstück aufgeführt. Auf den ersten Blick scheinen wir uns in einem Ziegelgewölbe zu befinden, doch der Eindruck täuscht. Tatsächlich sind die weitläufigen Fluchten und Gänge aus einer festen Sandschicht ohne Stützen gegraben worden und trotzen seit Jahrhunderten dem Gleichnis aus der Bibel. Retz wurde auf tertiärem Sand gebaut, einer Hinterlassenschaft des Weinviertler Urmeeres. Die Ziegel hat man viel später im 19. und 20. Jahrhundert aus ästhetischen Gründen aufgemauert, aus statischen Gründen wären sie nicht notwendig gewesen.

Die Temperatur beträgt konstant zwischen acht und zehn Grad, perfekt für die Lagerung von Wein. Obwohl es damals in der Stadt keine Winzer gab, liegt unter Retz der größte historische Weinkeller Österreichs. Diesen Umstand verdanken die Bewohner dem „Weinprivileg", das sie 1458 von Kaiser Friedrich III. erhalten haben. Es besagte, dass jeder Bürger der Stadt das Recht hat, mit Wein zu handeln. Der Rebensaft wurde von Winzern aus zehn umliegenden Ortschaften geliefert, um in den Retzer Kellern zu reifen. Verkaufen durften ihn nur die Retzer Bürger, die in guten Weinjahren ständig weitere Stollen und Röhren gruben, bis nach und nach das beeindruckend weitverzweigte Labyrinth entstand. Quellen besagen, dass hier um das Jahr 1790 die gewaltige Menge von 5,5 Millionen Liter Wein untergebracht war.

Der Hauptplatz von Retz gilt als einer der schönsten Österreichs.

Uralter Wein im Erlebniskeller

Sgrafittohaus am Hauptplatz

Rund eineinhalb Stunden dauert der Spaziergang unter Tage. Wir passieren verschiedene Stationen, bei denen die Geschichte des Weines mit lebensgroßen Puppen nachgestellt wird, sowie allerhand Winzerwerkzeuge und Weinfässer mit einem Fassungsvermögen bis zu 19.000 Litern. In einer der Nischen liegt eine ganz besondere Flasche Rotwein aus Retz. Bei der Unterzeichnung des Staatsvertrags 1955 wurde mit dem gleichen Tropfen im Wiener Belvedere angestoßen. Die älteste Flasche im Keller stammt allerdings von 1907 und wird wohl nie getrunken werden.

Einzigartiges Retz

Der bekannte Weinort, der mit pannonischem Klima gesegnet und auf Sand gebaut ist, weist gleich mehrere Besonderheiten auf. Für gewöhnlich sind Zentrum und Altstadt in heimischen Städten identisch, in Retz ist es genau anders herum. Die Stadt liegt in der Mitte, darum herum die Altstadt. Letztere war lange Zeit eine selbstständige Gemeinde und wurde erst 1941 mit der
50 (jüngeren) Stadt Retz zusammengelegt.

Der 1,2 Hektar große Hauptplatz, der von prächtigen alten Bürgerhäusern, die von Gotik und Renaissance bis zum Biedermeier alle Stilrichtungen repräsentieren, umsäumt wird, gilt als einer der schönsten Stadtplätze Österreichs. Aus den beiden Brunnen, die den Platz zieren, fließt jedes Jahr am Sonntag beim Weinlesefest statt Wasser Wein! Wer das alles aus der Vogelperspektive genießen möchte und gut zu Fuß ist, sollte die 128 Stufen der Wendeltreppe erklimmen, die auf die Aussichtsplattform des dominanten Rathausturms führt.

Und sie dreht sich noch immer ...

Von ursprünglich rund 400 Windmühlen sind in Österreich nur noch zwei betriebsfähig - eine in Podersdorf am Neusiedler See, die zweite in Retz; beide wurden vom selben Windmühlenbauer konstruiert. Dieser Mann hat damals wirklich gute Arbeit geleistet, doch mittlerweile ist das Wissen über Windmühlenkonstruktion in Österreich verloren gegangen. Für die komplette Renovierung des Gebäudes vor ein paar Jahren flogen extra Experten aus Holland ein.

Das heutige Wahrzeichen von Retz wurde 1772 ursprünglich als Bockwindmühle (das gesamte Mühlenhaus dreht sich auf einem einzelnen dicken Pfahl) erbaut. Mitte des 19. Jahrhunderts hat man sie in eine modernere konische Turmwindmühle (nur die Turmhaube lässt sich in den Wind drehen), umgestaltet. Rund 150 Jahre lang wurde vom Kalvarienberg aus die lokale Bevölkerung mit Mehl versorgt. Einzige Energiequelle war und ist der Wind.

Das denkmalgeschützte Gebäude befindet sich heute im Privatbesitz der Müller-Nachfahren, der Familie Bergmann, die auch den angeschlossenen Windmühlenheurigen betreibt. An Wochenenden und Feiertagen wird das Dach für die Besucher in den Wind gedreht. Beim jährlich stattfindenden Windmühlenfest am 1. Mai wird Getreide nach altem Verfahren gemahlen und mit dem Mehl im daneben errichteten Holzofen Brot gebacken.

Info

Retzer Erlebniskeller, Hauptplatz 30, 2070 Retz
Windmühle Retz, Kalvarienberg 1, 2070 Retz
www.erlebniskeller.at
www.windmuehle.at
www.retzer-land.at

WINZER FÜR EIN JAHR

13

Rent a Rebstock, Stadtgemeinde Schrattenthal

Im Retzer Land mieten Hobbywinzer Rebstöcke, um ihren eigenen Grünen Veltliner herzustellen. Bei der Arbeit werden sie von Profis begleitet.

Welch ein langer und mühsamer Weg ist es doch bis zur abgefüllten Weinflasche! Im Winter schneiden die Hobbywinzer die Reben, noch bevor die Knospen austreiben, danach werden diese angebunden, um die Triebe gleichmäßig zu verteilen. Wird es wärmer, müssen der Boden aufgelockert, Jungpflanzen gesetzt und die Reben vor Schädlingen und Frost geschützt werden. Die Laubarbeiten, ein wesentlicher Faktor für die Qualität des Tropfens, sind je nach Witterungsverlauf im Zeitraum von Mai bis August zu erledigen, im Herbst folgen Lese und Keltern. Die unberechenbare Witterung birgt Jahr für Jahr neue Herausforderungen für Rebstöcke als auch für Winzer. Hitze, Kälte, Regen und Trockenheit kommen und gehen, wie es ihnen passt. Anstrengend ist sie, die Arbeit der Weinbauern, aber auch abwechslungsreich und faszinierend. Am Ende winkt der größte Lohn, denn welch ein Luxus ist es, wenn man beim Weintrinken sagen kann, man habe die Traube persönlich gekannt!

40 Rebstöcke und 40 Flaschen Grüner Veltliner

Im Retzer Land stellen sich in Schrattenthal, der kleinsten Weinstadt Österreichs, seit zehn Jahren jedes Jahr aufs Neue bis zu 35 Hobbywinzer dieser Herausforderung. Sie mieten jeweils 40 Rebstöcke, reisen an fünf Tagen im Jahr an, schlüpfen in Gummistiefel und Arbeitskleidung, um unter der Aufsicht von Profis selbst Hand an ihre „eigenen" Rebstöcke und Trauben zu legen.

Die Region ist dafür besonders geeignet, findet sich hier doch eine besonders hohe Dichte an ausgezeichneten und spritzigen Tropfen. Die Wurzeln der Reben graben sich tief in mineralischen Untergrund und der Grüne Veltliner gedeiht mit würzig-pfeffrigem Geschmack. Überdies ist die Weinbauregion gesegnet mit der idealen Zusammensetzung aus Lage, Klima, Boden und erfahrenen Traditionsbetrieben, die oft in x-ter Generation Weinbau betreiben.

13

„Das Publikum ist bunt gemischt, die Leute kommen aus unterschiedlichsten Berufen, jedes Alter ist vertreten", sagt Winzerin Andrea Diem. Sie bewirtschaftet gemeinsam mit ihrem Mann Gerald ein Weingut in Obermarkersdorf (einer Katastralgemeinde von Schrattenthal), das mit sechs anderen Weingütern gemeinsam die Workshops „Rent a Rebstock" anbietet. Alle sieben Jahre stellt ein anderes Gut seine Rieden zur Verfügung, die Arbeitsschritte der „Lehrlinge" werden von den Winzern abwechselnd überwacht. So lernen sie den Lauf des Weinjahres verstehen, arbeiten wie echte Weinbauern bei jedem Wetter im Freien, erwerben theoretisches Know-how und besichtigen ihre Gastbetriebe.

„Früher mietete jeder Teilnehmer 60 Rebstöcke, damals hatten sie nach der Arbeit ordentliche Blasen an den Händen"; erinnert sich Diem. „Die Leute genießen einerseits die ruhige Arbeit in den Rieden, andererseits merken sie, wie viele Arbeitsschritte für die Weinproduktion nötig sind." Am Ende der Saison winkt die Belohnung in Form von 40 Flaschen selbstgemachten Weines, für den sie eigene Etiketten gestalten dürfen. Ein Winzerdiplom wird ebenfalls am Ende des Workshops überreicht, bei der Prüfung durchgefallen sei laut Diem noch nie jemand. „Die Rückmeldungen sind sehr positiv", erzählt sie. „Die Teilnehmer sagen oft, dass sie die Arbeit unterschätzt hätten. Danach aber wissen sie den Wein, den sie trinken, noch viel mehr zu würdigen." Das absolute Highlight sei jedes Jahr die Weintaufe, so die Winzerin. „Dann kosten die Hobbyweinbauern zum ersten Mal ihren selbstgemachten Grünen Veltliner." Zuerst überwiege die Spannung, ob das Produkt denn auch schmecke. „Am Ende sind sie jedes Mal unheimlich stolz."

Info

Retzer Land, Hauptplatz 30, 2070 Retz
www.retzer-land.at/rent-a-rebstock

WACHAUER SCHMUCKKÄSTCHEN

Dürnstein

14

Die kleine Stadt am Donauufer scheint so makellos wie eine Filmkulisse. Nur, dass hier alles real ist.

In den 1950er-Jahren schipperte Romy Schneider als Kaiserin Sissi an Dürnstein vorbei und nahm die Huldigungen ihres zukünftigen Volkes vom Schiff aus entgegen. Auch heute müsste man nur ein paar Hinweisschilder und Werbetafeln abmontieren und fertig wäre die perfekte Filmkulisse. Den Weg hinauf ins Städtchen Dürnstein säumen kleine Villen und alte Winzerhäuser, die sich eng an die von Efeu bewachsenen Felsen schmiegen. Gegenüber pausieren Gäste im Garten des Grill-Lokals „Küffer-Keller" am hauseigenen Teich und genießen bei sanfter Lounge-Musik die Frühlingssonne und den Wein. Durch einen schmucken Torbogen im Zentrum der Stadt geht es in den possierlichen Innenhof des Rathauses, in der Fußgängerzone reihen sich jahrhundertealte Bauten aneinander. In Restaurants wird auf Terrassen mit Panoramablick bewirtet, beim Heurigen stehen für die Gäste Liegestühle nahe den Weinreben. Völlig egal, in welche Gasse wir abzweigen, welchen Durchgang wir queren, überall entdecken wir höchst ansehnliche Kleinode. Dazu kommt noch die fulminante Lage des Ortes, der eingebettet ist zwischen dem Donauufer und einem steilen Berg. Dürnstein ist ein Gesamtkunstwerk.

Je nach Standort entdeckt man das berühmteste Wahrzeichen der Wachau über den Dächern der alten Kuenringerstadt: den kobaltblauweißen-Turm der Stiftskirche. Nähert man sich mit Schiff oder Auto, sticht seine auffällige Signalfarbe schon von weitem ins Auge. Dass das prominente Blau des barocken Glockenturms in den 1980er-Jahren Anlass für Widerstand, Streit und Häme gewesen war, ist heute fast vergessen. Damals hatte ein Restaurator während Restaurierungsarbeiten das Mauerwerk nach historischen Farbtönen untersucht und war dabei auf die Farbe Blau gestoßen. Aus diesem Grund strich man den Kirchturm wieder in seiner wohl ursprünglichen Farbe, was so manchen Einwohner empörte. Die Verantwortlichen bekamen Protestbriefe, sogar Hochzeiten wurden abgesagt. Mehr als dreißig Jahre später ist Dürnstein ohne seinen blauen Kirchturm kaum noch vorstellbar und gerade deshalb das wohl begehrteste Fotomotiv der Wachau.

Ruine Dürnstein

Stiftshof, Kirche, die Augustinus-Ausstellung sowie die traumhafte Donauterrasse sind übrigens regelmäßig mit oder ohne Führung zu besichtigen.

Der gefangene König
Zwanzig Minuten dauert der Aufstieg über den Eselsteig von der Stadt zur Ruine Dürnstein, die durch eine Mauer verbunden sind. Die steilen Pfade sind gut ausgebaut, die Ruine ist ganzjährig frei zugängig. Die weitläufige Festung zählt zu den bekanntesten Burgruinen des Landes. Erstens wegen ihrer pittoresken Felslage mit den zahlreichen Aussichtspunkten mit Rundblick über das Donautal, zweitens wegen der Geschichte von Richard Löwenherz. Der Babenbergerherzog Leopold V. ließ den englischen König Richard Löwenherz nach seiner Teilnahme an den Kreuzzügen im Jahr 1192 gefangen nehmen und auf die Burg Dürnstein bringen. Nach wenigen Monaten lieferte er seinen Gefangenen an Kaiser Heinrich VI. aus, der den König auf der Reichsburg Trifels weiter einkerkerte. Für die Freilassung des Königs forderten Herzog und Kaiser eine beträchtliche Summe in Silbermünzen. Nach Zahlung des Lösegeldes wurde Löwenherz 1194 freigelassen, mit dem Geld wurden unter anderem Wiener Neustadt und die mittelalterliche Ringmauer Wiens erbaut. Rund um diese historischen Tatsachen ranken sich auch Erzählungen und Sagen, etwa die vom treuen Sänger Blondel, der seinen Herrn Richard Löwenherz im ganzen Land suchte und allerorts des Königs Lieblingslied spielte. Rund um die Ruine Dürnstein wurde ein Erlebnisweg errichtet, an dem die Löwenherz-Sagen kindgerecht nacherzählt werden. In der Stadt selbst tragen Hotels und Restaurants Namen wie „Richard Löwenherz" oder „Sänger Blondel". Die Legende vom gefangenen König ist in den Gassen von Dürnstein noch allgegenwärtig.

56 Info

Stadtgemeinde Dürnstein, 3601 Dürnstein
www.duernstein.at

14

DER URAHN DER GRAFFITI-SPRAYER

15

Kyselaks Spuren in Niederösterreich

Der k. k. Beamte Joseph Kyselak hinterließ auf zahlreichen öffentlichen Gebäuden und Plätzen sein Autogramm und wurde damit schon zu Lebzeiten berühmt.

„Ah, der Kyselak. Der hinterließ hier sein Autogramm. Sind Sie deshalb hergekommen?" Der Radfahrer, ein älterer Herr, der gerade auf einer Bank pausiert, hat uns beim Fotografieren eines unscheinbaren Schriftzugs auf einer Felswand beobachtet. Der kleine k. k. Beamte ist ihm ein Begriff, damit gehört er wohl einer Minderheit an. Dabei war der Kyselak im Biedermeier landauf, landab bekannt.

Joseph Kyselak (1798/1799–1831) erlangte schon zu Lebzeiten eine gewisse Berühmtheit, da er seinen Namen in großen Buchstaben an verschiedensten Orten hinterließ. Heute gilt er als bedeutender Pionier innerhalb der Graffiti-Szene. Im Sommer 1825 verließ er seine Heimatstadt Wien und wanderte monatelang durch die Donaumonarchie. Mit Schablone, Meißel und Ölfarbe ausgestattet pinselte er sein Autogramm auf Felsen und Türme, in Burgen und Ruinen. Historiker vermuten als Grund für seine Aktionen eine Wette mit Freunden. Wohin ihn seine Reise führte, ist dem ausladenden Titel seines 1829 erschienenen Werks zu entnehmen: *Skizzen einer Fußreise durch Österreich, Steiermark, Kärnthen, Salzburg, Berchtesgaden, Tirol und Baiern nach Wien nebst einer romantisch pittoresken Darstellung mehrerer Ritterburgen und ihrer Volkssagen, Gebirgsgegenden und Eisglätscher auf dieser Wanderung, unternommen im Jahre 1825.* (Österreich stand damals für die heutigen Bundesländer Ober- und Niederösterreich, Anm.) Das Buch wurde 2009 neu aufgelegt.

In der Wachau hinterließ er eine besonders gut erhaltene Signatur auf einem Felsen nahe dem Rothenhof, der zwischen Unterloiben und Förthof liegt. 1830 stattete er der Kilber Pfarrkirche, Bezirk Melk, einen nachhaltigen Besuch ab, seinen Schriftzug kann man in der Vorhalle des Turms entdecken. Ein Reim von Joseph Viktor von Scheffel gilt als Beweis für einen Kyselak-Schriftzug in der Burgruine Aggstein: „Schwindlig ob des Abgrunds Schauer ragt des höchsten Giebels Zack, und am höchsten Saum der Mauer prangt der Name – KISELAK".

Gravur auf der Brüstung des Perchtoldsdorfer Wehrturms

15

Burgruine Aggstein

Signatur nahe Rothenhof

Schriftzug beim Eingang des Perchtoldsdorfer Wehrturms

Wie oft der weitgereiste k. k. Beamte und Bergsteiger Joseph Kyselak heimlich und blitzschnell seinen Namen auf exponierte Stellen pinselte, lässt sich schwer sagen. Erwischt wurde er dabei angeblich nur ein einziges Mal. Ein Gastwirt namens Franz Haydinger brüstete sich damit, Kyselak bei der Perchtoldsdorfer Pfarrkirche während seiner „Übeltat" ertappt zu haben. Ob das nun stimmt oder nicht, sei dahingestellt, jedenfalls hinterließ Kyselak im Wehrturm von Perchtoldsdorf deutliche Spuren. Einen Schriftzug findet man heute noch gleich beim Eingang links neben der Tür, eine Gravur soll er ganz oben auf der Brüstung hinterlassen haben, ihre Echtheit wird aber bezweifelt.

Im konservativen Biedermeier galten seine Taten als freche Streiche, die von der Obrigkeit nicht gutgeheißen wurden. Sogar Kaiser Franz I. soll ihn vorgeladen haben, um ihm höchstpersönlich künftige „Malaktionen" zu verbieten. Kyselak versprach Besserung, doch nach der Audienz entdeckte der Kaiser den eingravierten Namen seines aufmüpfigen Beamten auf dem durchlauchten Schreibtisch. Die Geschichte ist gut. Zu gut, um wahr zu sein.

Kyselak starb 1831 an der Cholera. Er hat es in den Brockhaus und in die Geschichtsbücher geschafft, doch wahre Unsterblichkeit erlangte er wohl durch die unzähligen Fälschungen seiner Gravur. Seine Nachahmer adeln ihn mit dem größten Kompliment, der Imitation.

Info

Kyselaks Reisetagebuch „Skizzen einer Fußreise durch Österreich" aus dem Jahr 1829 wurde 2009 von der Kunsthistorikerin Gabriele Goffriller neu aufgelegt, der Regisseur Chico Klein drehte 2007 die Doku „Kyselak war da! Graffiti anno 1825". Zuvor sammelten die beiden Fakten über Joseph Kyselak. Das Forschungsprojekt wird auf der Webseite *www.kyselak.at* vorgestellt.

NOSTALGIE IM FILMHOTEL

Hotel Mariandl, Spitz an der Donau

16

Das älteste Hotel der Wachau ist der perfekte Ort für Fans alter österreichischer Heimatfilme. Im angeschlossenen Salettl werden Speisen und Getränke mit einer Seilbahn serviert.

„Mariandl -andl -andl aus dem Wachauer Landl-Landl" tönt es aus der alten Jukebox. Hoteldirektor Josef Eibl hat für uns die heimliche Hymne der Wachau aufgelegt. „Einmal hatten wir einen Gast, der spielte das Lied sicher ein Dutzend Mal, während er seine Marillenknödel gegessen hat." Ob er den alten Gassenhauer denn noch hören könne? Eibl lächelt. „Was soll ich dazu sagen?", antwortet er diplomatisch. Er und seine Frau Stefanie betreiben das Hotel Mariandl in Spitz an der Donau, das als Reminiszenz an heimische Filmstars der Nachkriegszeit dekoriert ist. Einen Vorgeschmack findet man im wahrsten Sinne des Wortes bereits auf der Speisekarte, auf der das Lieblingsessen von Gunther Philipp (Original Wachauer Saumaise) und Waltraut Haas (in Mandelbutter gebratenes Filet vom Zander) angeboten wird. Im Restaurant lachen unter anderem Hans Moser, Rudolf Prack oder Conny Froboess und Peter Weck als junges Liebespaar von Fotos und alten Filmplakaten. Die Jukebox ist vorwiegend bestückt mit Schlagern aus den 1950er- und 1960er-Jahren, die Gästezimmer tragen die Namen bekannter Schauspieler und sind mit nostalgischen Erinnerungsstücken ausgestattet. Sogar ein kleines Kino wurde eingerichtet. Am Wochenende laufen tagsüber Retro-Filme oder die Aufzeichnung eines Auftritts von Gunther Philipp im Kabarett Simpl, aus dem übrigens auch die Kinosessel stammen. Dem Schauspieler wurde zudem ein kleines Museum gewidmet, das seine unterschiedlichen Laufbahnen ins Gedächtnis ruft: Gunther Philipp, der Schwimmer (14 Jahre lang österreichischer Rekordhalter im 100-m-Brustschwimmen), Gunther Philipp, der Rennfahrer (mehrmaliger österreichischer Staatsmeister in der Gran-Turismo-Klasse), Gunther Philipp, der Schauspieler (147 Film- und Fernsehrollen).

„Wir haben ihn zu seinen Lebzeiten noch gefragt, ob er mit dem Museum einverstanden ist", erzählt Eibl, der Philipp von seinen Besuchen in der Wachau kannte und ihn immer wieder als Gast in seinem Hotel und Restaurant empfing. 2003 verstarb der Schauspieler im Alter von 85 Jahren, seit 2009 gibt es die Philipp-Ausstellung im Hotel Mariandl. „Seine letzte Frau, Gisela

Kirchberg, hat uns dafür mehrere Exponate zur Verfügung gestellt", sagt Eibl. Das Haus wird seit 1910 als Herbergsbetrieb geführt, mit wechselnden Namen und Besitzern. Es gilt als das älteste Hotel der Wachau, 1947 haben es Josef Eibls Großeltern übernommen, im selben Jahr wurde in der Küche eine Szene mit Waltraut Haas gedreht, als sie in dem Film *Hofrat Geiger* das Mariandl spielte. 1961 übernahm Conny Froboess die Titelrolle im gleichnamigen *Hofrat Geiger*-Remake, Haas stellte ihre Mutter dar. Nach Abschluss der Dreharbeiten wurde das Gästehaus in „Hotel Mariandl" umbenannt, nur ein Jahr später folgte der Film *Mariandls Heimkehr.* Gunther Philipp, der in beiden Streifen mitspielte, blieb bis zu seinem Tod Stammgast des Hotels.
Josef und Stefanie Eibl führen den Betrieb nun in dritter Generation. „Manchmal geben Gäste Fanpost für Frau Haas ab. Derzeit liegen hier zwei Briefe von Kindern, die ich ihr noch übergeben muss", erzählt Eibl. Die Schauspielerin hat im Hotel ihren Stammplatz und ist die Patronin des Hauses. Dass ihr nostalgisches Konzept auch den Jungen gefällt, hat die Hotelbetreiber positiv überrascht. „Die über 40-Jährigen schwelgen in Kindheitserinnerungen und die 20-Jährigen erzählen ihren Eltern von uns." Die Wachau und das Mariandl, so Eibl, seien untrennbar miteinander verbunden.

Materialseilbahn statt Kellner

Eine weitere Attraktion im Hotel Mariandl ist der dazugehörige Atzberg, ein Hügel mit Naturschaugarten, Weingärten und Miniaturausgaben von drei Spitzer Sehenswürdigkeiten. Das Rote Tor, die Ruine Hinterhaus und das historische Lusthaus Atzberg-Jubiläumswarte wurden auf der kleinen Erhebung nachgebaut. Letzteres ist ein kleines Salettl, das der damalige Betreiber Carl Maintinger 1910 auf dem Hügel für seine Frau errichten ließ. Im Laufe der Zeit ist es verfallen, doch die jetzigen Besitzer ließen es anhand alter Fotos rekonstruieren. Nun thront es wieder etwa 50 Meter über dem Hotel und lockt mit einer einmaligen Aussicht auf die Wachau. Acht Sitzplätze gibt es im Salettl, wer oben essen will, muss reservieren. Für die „hohen" Gäste gibt es zwei Speisen zur Auswahl, Backhendl oder Wachauer Saumaise, und Getränke müssen flaschenweise geordert werden, Nachbestellungen erfolgen mit dem Handy. Geliefert wird das Gewünschte in einem Korb mit Hilfe einer kleinen Materialseilbahn.

Info

Hotel Mariandl, Kremserstraße 2, 3620 Spitz, *www.hotel-mariandl.at*

Damals hieß das Hotel noch „Touristenheim".

Das Salettl, 50 Meter über dem Mariandl

16

Diese Seilbahn transportiert Kulinarisches.

17

ZEITREISE IM WEINGUT

Nikolaihof, Mautern an der Donau

Das geschichtsträchtige Wachauer Weingut ist ein Kraftplatz und im Besitz der größten Holz-Weinpresse der Welt. Einmal im Jahr ist das 350 Jahre alte Prunkstück noch im Einsatz.

Mächtig wacht die über hundert Jahre alte Kaiserlinde im Zentrum des Innenhofs über den Gastgarten. Das Herzstück im denkmalgeschützten Nikolaihof spendet Schatten an heißen Tagen und wärmt am Abend, wenn es kühl wird. Der Hochsommer steht in den Startlöchern. Am Nebentisch werden frisch geerntete Wachauer Marillen von sechs flinken Händen entkernt, der Oleander nahe der Kapelle blüht noch wochenlang in Weiß und Rosa.

Römer, Kelten und das Mittelalter haben an diesem Ort ihre Spuren hinterlassen. In der Antike stand hier ein römisches Kastell, im Mittelalter war der Nikolaihof Bischofs- und Verwaltungssitz. Und an die Zeit der Kelten erinnert einer der stärksten Kraftplätze der Wachau, der durch einen Asterisk, ein sternenförmiges Symbol, im Innenhof gekennzeichnet ist. „Mystiker aus der ganzen Welt kommen her, um den Platz auszupendeln. Er strahlt eine ungemein positive Energie aus", erzählt die Winzerin Christine Saahs.

Der Nikolaihof gilt mit seiner fast 2000 Jahre alten Geschichte als eines der ältesten Weingüter Österreichs. Sein hauseigenes kleines Gotteshaus, der zweite Blickfang im Innenhof, ist romanischen Ursprungs und wurde auf den Grundmauern einer römischen Kapelle errichtet. Seine Glocken läuten gerade die volle Stunde ein. „Die habe ich meinem Mann zum fünfzigsten Geburtstag geschenkt", erzählt Frau Saahs. „Wir hatten daraufhin zwei Jahre lang eine Riesenbaustelle, so richtig hat er sich wohl gar nicht gefreut", sagt sie lachend. Das Weingut ist seit 1894 im Besitz der Familie, mittlerweile in vierter Generation. Christine und Nikolaus Saahs haben den Betrieb 2005 an einen ihrer Söhne übergeben, arbeiten aber noch emsig mit. Zu tun gibt es ausreichend. Der Nikolaihof exportiert Weine in 47 Länder, die angeschlossene Weinstube ist eine bekannte Wachauer Gaststätte. Das Brot wird hier selbst gebacken, gekocht wird mit Kräutern und Gemüse aus eigenem Anbau.

Neben der Arbeit im Gastronomiebetrieb kümmert sich Frau Saahs um den Export und schreibt regionale Kochbücher, die mehrfach international

Gastgarten unter der prächtigen Kaiserlinde

Die hauseigene Kapelle

Die 350 Jahre alte Holz-Weinpresse

Winzerin Christine Saahs

ausgezeichnet wurden. Als leidenschaftliche Anthroposophin brachte sie nach ihrer Heirat zu Beginn der 1970er-Jahre den biodynamischen Demeter-Weinbau, der auf den Methoden Rudolf Steiners basiert, auf den Hof. Biodynamik bedeutet, der Natur so wenig wie möglich ins Handwerk zu pfuschen. Statt Chemie wird mit Brennnesseljauche, Baldriantropfen oder Schachtelhalmtee gedüngt, dem Wein selbst wird genügend Zeit für den Reifungsprozess eingeräumt.
Eine uralte Steintreppe führt hinab in den Weinkeller, der in eine römische Unterkirche gebaut wurde. Dort ruhen riesige Eichenfässer, die größten fassen 12.000 Liter. „Manche Weine lagern ein halbes Jahr, manche 20 Jahre", sagt Frau Saahs. „Nächste Woche wird der Jahrgang 2002 abgefüllt." Die Weine werden ständig überprüft, die Eichenfässer einmal pro Woche gewischt und gebürstet.

Schaupressen und Führungen

In einem Raum, der einst als romanischer Salz- und Getreidespeicher diente, befindet sich ein besonderer Schatz: eine rund 350 Jahre alte und zwölf Meter lange Holz-Weinpresse. Sie ist die größte weltweit, gehackt aus dem Stamm einer einzigen Ulme und voll funktionstüchtig. „Einmal im Jahr ist sie noch im Einsatz", erklärt Saahs. „Am Tag wird geerntet, in der Nacht gepresst." Dann wird der zwei Tonnen schwere Pressstein wie anno dazumal manuell in die Höhe gekurbelt, um die Trauben zu zerquetschen. Zuschauer sind herzlich willkommen, wer den Newsletter abonniert, wird über den Termin informiert. Bei der Verkostung, so Saahs, spüre man die besondere Energie dieses Weins. Die Besichtigung der Weinpresse ist aber das ganze Jahr möglich, die Seniorchefin, meist im Dirndl gekleidet, führt Gäste der Weinstube auf Wunsch durch die öffentlich zugänglichen Teile des Hofes. „Manchmal würde ich gerne wissen, wie sich Langeweile anfühlt", sagt die umtriebige Wirtin. Man ahnt es, sie kokettiert nur.

Info

Nikolaihof, Nikolaihof 3, 3512 Mautern an der Donau
www.nikolaihof.at

DAS VERMÄCHTNIS DES THRONFOLGERS

Schloss Artstetten

18

Auf dem Wachauer Anwesen fanden Thronfolger Franz Ferdinand und seine Frau Herzogin Sophie von Hohenberg nach ihrer Ermordung die letzte Ruhestätte. Ihre direkten Nachfahren empfangen noch heute Besucher im Schloss, um Familiengeschichte zu vermitteln.

„Die Österreicher hatten sehr großes Glück, dass sie ab 1955 frei waren“, erklärt Anita Hohenberg in perfektem Englisch. Sie steht im leuchtend roten Blazer in einem der Museumssalons von Schloss Artstetten, umringt von einer Touristengruppe, und referiert über den Untergang der Donaumonarchie, den Anschluss an Nazideutschland, die verheerenden beiden Weltkriege, den Marshallplan – Geschichtsunterricht für Amerikaner, die meist wenig über Europa und gar nichts über Österreich wissen. Doch das Einmalige der Veranstaltung ist, wenn Hohenberg ins Detail geht und von ihren direkten Vorfahren erzählt, etwa über ihren Großvater Max, der in einem KZ inhaftiert war und dank seiner beherzten Frau, die bis zu Hermann Göring vordrang, 1938 nach fünf Monaten Haft wieder freigekommen ist. Oder über ihre Urgroßeltern, die trotz großer Widerstände des Wiener Hofes eine Liebesheirat eingingen und später in Sarajevo ermordet wurden.
Anita Hohenberg, Jahrgang 1958, ist die Urenkelin des österreichisch-ungarischen Thronfolgers Franz Ferdinand und seiner Frau Sophie, Herzogin von Hohenberg. Wären die Adelstitel hierzulande noch erlaubt, dürfte sie sich Fürstin nennen, für die Gäste aus den USA ist sie ohnedies eine Prinzessin. Die Leitung des Schlosses übergab sie 2015 an ihre Tochter Alix de la Poëze d'Harambure-Fraye. Anita Hohenberg und ihre vier Kinder empfangen abwechselnd Reisegruppen und erzählen persönlich von ihren Vorfahren. „Das ist etwas Besonderes, auf anderen Schlössern haben Sie meist mit Verwaltern und Guides zu tun“, erzählt sie uns. „Vor vielen Jahren wurde ich von Touristen gefragt, wie viele Fenster es hier zu putzen gebe. Das hat sich geändert, viele Menschen die hierherkommen, setzen sich mit europäischer Geschichte ernsthaft auseinander, weil sie auf Ahnensuche sind.“ Hohenberg liebt es, Historisches zu vermitteln. „Wir bauen Brücken zwischen Regionalem und Internationalem, das ist sehr wichtig für uns.“ Gerade auf-

grund seiner Geschichte solle Artstetten seinen Beitrag für die Bewahrung des Friedens leisten.

Museum und letzte Ruhestätte

Das anmutige Schloss mit den markanten sieben Zwiebeltürmen liegt nördlich der Donau in der Wachau und ist umgeben von einem weitläufigen Park mit vielen Spazierwegen, Aussichtspunkten und unzähligen Hinguckern. Seit 1823 befindet es sich im Besitz der Familie Habsburg-Lothringen bzw. Hohenberg und diente hauptsächlich als Sommerresidenz. Franz Ferdinand bekam das Schloss 1889 von seinem Vater Erzherzog Carl Ludwig. Der Thronfolger nutzte das Anwesen in der Folge als privaten Familiensitz und ließ es nach seinen Vorstellungen umbauen, unter anderem, um Platz für seine umfangreichen Sammlungen zu schaffen. 1909 ließ er in Artstetten eine Gruft unter der Schlosskirche errichten, um hier gemeinsam mit seiner Frau Sophie begraben zu werden. Als geborene Gräfin Chotek war ihr eine Beisetzung in der Wiener Kapuzinergruft verwehrt. Dass ihnen nur noch wenige gemeinsame Jahre vergönnt waren, ahnten sie damals noch nicht. Am 28. Juni 1914 wurden Franz Ferdinand und Sophie während eines offiziellen Besuches in Sarajevo in ihrem offenen Fahrzeug von einem serbischen Nationalisten erschossen, zurück blieben drei Waisen. Das Attentat sollte den Untergang der Donaumonarchie und den Ersten Weltkrieg, der rund 17 Millionen Todesopfer forderte, einleiten.

Nach dem Attentat fanden Franz Ferdinand und Sophie in Artstetten in zwei mächtigen Sarkophagen ihre letzte Ruhestätte. Das Schloss blieb bis zur Enteignung durch die Nazis im Jahr 1938 im Familienbesitz, 1949 erfolgte dann die Rückgabe. Seit 1982 sind Teile des Anwesens ein öffentlich zugängliches Museum mit Führungen und Sonderausstellungen. Urenkelin Anita Hohenberg und ihre Tochter Alix, Ururenkelin des ermordeten Thronfolgers, wohnen samt Familie nach wie vor im Schloss.

68 Während man die Empfänge mit den Nachfahren buchen muss, sind Besuche und Führungen durch das Museum und die Gruft jederzeit möglich. Die mit zahlreichen Fotos, Schriftstücken, Schautafeln und Exponaten bestückte Ausstellung offenbart Einblicke in das Leben Franz Ferdinands und seiner Familie. Im Innenhof des Schlosses steht etwa eine detailgetreue Nachbildung des

Nachbau des Autos, in dem das Thronfolgerpaar starb

Die Gruft des Schlosses

Anita Hohenberg

Schauraum mit Original-Kinderspielzeug

Fahrzeuges, in dem das Paar ermordet wurde, das Original befindet sich im Heeresgeschichtlichen Museum in Wien. Zu besichtigen ist auch das ehemalige Badezimmer, in dem bereits 1869 fließendes Kalt- und Warmwasser installiert wurde und das mit einer im Boden versenkten Badewanne ausgestattet ist. In den Schauräumen sind originale Gebrauchsgegenstände wie Kinderspielzeug, Kleidung, Musikinstrumente und zahlreiche Souvenirs ausgestellt, die Franz Ferdinand von seinen Reisen aus aller Welt mitbrachte und die von großem historischen Wert sind.

Die Nachkommen des Thronfolgers und seiner Gattin hat es in verschiedenste Länder verschlagen. Nur einmal im Jahr, am 28. Juni, treffen sich die Mitglieder der weitverzweigten Familie zu einer Messe in der Gruft, um ihrer ermordeten Vorfahren zu gedenken.

Info

Schloss Artstetten, Schlossplatz 1, 3661 Artstetten
www.schloss-artstetten.at

19 EIN BERG UND ZWEI WUNDERSAME DAMEN

Madonna, Maria Laach am Jauerling, Venus von Willendorf

Der Jauerling gilt als das Dach der Donau und ist die Heimat von einem archäologischen Sensationsfund und einer erstaunlichen Madonna-Darstellung.

In Spitz an der Donau war die Luft eben noch drückend heiß, doch je weiter wir die Serpentinenstraße den Jauerling hinauffahren, desto kühler wird es. Der abgeschiedene Wallfahrtsort Maria Laach befindet sich auf einer Höhe von rund 600 Metern des Wachauer Hausberges, der mit seinen 960 Metern die höchste Erhebung entlang der gesamten Donau (2.860 km) darstellt. Im 19. Jahrhundert war der höchstgelegene Ort an der Donau wegen der angenehmen Temperaturen und der idyllischen Landschaft ein beliebter Luftkurort für Sommerfrischler, Pilger werden bereits seit Jahrhunderten von der Wallfahrtskirche Maria Laach auf den Berg gelockt. Die mittelalterliche Ausstattung des majestätischen Staffelhallenbaus ist zum großen Teil noch erhalten, zudem weist die Kirche ein Kuriosum auf. Es handelt sich um ein Gemälde aus dem Jahr 1440, das den Gnadenaltar am linken Seitenschiff ziert. Darauf ist die Madonna abgebildet, an deren rechter Hand man sechs Finger zählt. Die Darstellung „Zu unserer lieben Frau Sechsfinger" aus dem Jahr 1440 zeigt die Heilige Jungfrau Maria, die das Jesuskind in ihrem rechten Arm hält. Um die anatomisch atypische Malerei ranken sich mehrere Legenden. „Maria, lach jetzt zu deinen sechs Fingern!", soll der Maler ausgerufen haben, nachdem er ihre rechte Hand irrtümlich mit sechs Fingern gemalt hatte. Eine andere Version besagt, der Künstler hätte das Gemälde mutwillig so gepinselt und höhnisch „Lach!" geschrien. Eine weitere Erklärung lautet: Die Kuenringer sollen unter einer solchen Missbildung gelitten und sich durch die Stiftung Heilung erhofft haben. Historiker schließen diese Hypothese jedoch komplett aus, den solch eine Anomalie wird nirgends erwähnt. Außerdem soll zum Zeitpunkt der Stiftung der letzte Kuenringer schon vier Jahrzehnte zuvor gestorben sein.

„Diese Legenden sind sehr amüsant zu lesen", befindet Gemeindepfarrer Christian Poschenrieder. Vielmehr sei es so gewesen, dass der Künstler

19

Wallfahrtsort Maria Laach

Stefan Lochner das Bild bewusst so gemalt hat. „Er wollte wohl die Fürsprachemacht der Gottesmutter ausdrücken", legt der Geistliche dar. Die Erklärung des Seelsorgers ist die Unspektakulärste und gleichzeitig die Wahrscheinlichste.

Venus von Willendorf in Übergröße

Am Fuße des Jauerling gelang im Jahr 1908 beim Bau zur Trasse der Donauuferbahn ein Jahrhundertfund. Die etwa 30.000 Jahre alte „Venus von Willendorf" wurde hier entdeckt, eine 11 cm kleine Statuette, die aus Oolith, einem kalkhältigen Sedimentgestein, kunstvoll herausgearbeitet wurde und eine dicke nackte Frau darstellt. Es wird angenommen, dass die „Venus" von eiszeitlichen Jägern hergestellt wurde, auf jeden Fall ist sie eine archäologische Sensation.

Das Original steht im Naturhistorischen Museum in Wien, im kleinen Wachauer Ort Willendorf ist neben der jederzeit zugänglichen Fundstelle jedoch eine Replik der „Venus" in Übergröße zu sehen. Wenige Schritte vom Fundort entfernt befindet sich das kleine Museum „Venusium", das von einem Verein betrieben wird und Einblicke in die Fundgeschichte gibt.

Info

Pfarramt Maria Laach, 3643 Maria Laach
pfarre-maria-laach.at
Venusium, Willendorf 76, Aggsbach Markt
www.willendorf.info

FEUER UND FLAMME

Sonnenwende, Von Krems bis Spitz an der Donau

20

Die Schönheit der Wachau und der Zauber von altem Brauchtum verbinden sich zu einer magischen Nacht auf der Donau.

Als das tägliche poetische Zeitfenster, der Sonnenuntergang, naht, geht die *MS Austria* vor Spitz an der Donau vor Anker. Wie alle Passagiere rüsten wir uns für das bevorstehende herrliche Brimborium und drängen an die Reling, um rechtzeitig einen Platz mit guter Fernsicht zu ergattern. Es ist jene Nacht, in der „Sunnawend" gefeiert wird, ein jahrhundertealter Brauch, der die bösen Geister abwehren und die kürzer werdenden Tage begrüßen soll. Rund zwanzig Passagierschiffe und viele private Motorboote formieren sich einmal pro Jahr an einem bestimmten Samstag im Juni kurz vor Einbruch der Dämmerung vor dem Wachauer Weinort. Um etwa 21.45 Uhr entzünden die Spitzer auf ihrem Tausendeimerberg die ersten Fackeln, die sich in wenigen Minuten zu einer leuchtenden Perlenschnur auswachsen. Am Ufer, wo hunderte Einheimische und Besucher feiern, lodern Reisig- und Holzhaufen, der Himmel wird von einem knallbunten Feuerwerk erleuchtet. Auf einem der umliegenden Berge leuchten Schlägel und Eisen als Symbol für den Bergbau, ein vergängliches Kunstwerk nur aus Flammen.

Logistik und freiwillige Helfer

Hinter dem Spektakel stehen ein Heer von freiwilligen Helfern, jede Menge Vorbereitung und der geschickte Einsatz von Logistik und Technik. Seit vielen Jahren stimmen die Wachauer Gemeinden ihre Veranstaltungen zur Sonnenwende eng mit den Schifffahrtsunternehmen ab und setzen die Hotspots ihrer Heimatgemeinden vor mehreren tausend Besuchern und Passagieren virtuos in Szene.

Alleine in Spitz sind bereits Tage vor dem Fest knapp hundert Freiwillige im Einsatz: Sie bereiten fünf Abbrennplätze vor, befestigen Fackeln auf Eisenstangen und Holzstecken und bringen sie an die vorgesehenen Standorte. Um die 700 Fackeln werden alleine in die Weingärten des Tausendeimerbergs transportiert und dort angezündet, auf der Außenmauer der Ruine Hinterhaus befestigen geschickte Hände 450 Stück in immerhin drei bis vier Meter Höhe. Auch die Sicherheitsvorkehrungen sind enorm, die Feuer-

wehr steht an allen Abbrennplätzen bereit, um im Ernstfall zu forsch züngelnde Flammen zu löschen.
Nach einem imposanten Feuerwerk in Spitz wendet die *MS Austria* und fährt langsam stromabwärts, denn heute Nacht ist der Weg das Ziel. An den Donaupromenaden leuchten Fackeln, Feuerstellen, Feuerwerk und die Gesichter feiernder Menschen, ländlich gekleidete Strohpuppen auf Holzhaufen stehen in Flammen. Der Sunnawendhansl und die Sunnawendgretl sollen laut altem Aberglauben Dämonen vertreiben. Die Sonnenwende strotzt vor Lokalkolorit und Hexenzauber und genau das macht ihren Reiz aus.
Erstaunlich, wie lange dieser ursprünglich heidnische Brauch bereits existiert. Vorchristliche Völker hatten schon vor Jahrhunderten die Sommersonnenwende zelebriert, sie zündeten Feuer an, um die bösen Geister zu vertreiben. Was hat die Kirche nicht alles versucht, um diesen Aberglauben auszurotten, doch ohne Erfolg. Irgendwann schlossen die Geistlichen ihren Frieden mit dem Fest und legten es auf den 24. Juni, den Tag von Johannes dem Täufer. Wahrscheinlich leitet sich die Legende vom Sunnawendhansl von diesem Heiligen ab.
Die Schiffe halten auf der Rückfahrt noch lange vor Dürnstein (s. S. 14 ff.), wo der blaue Turm der Stiftskirche von jeder Menge Pyrotechnik in noch mehr farbenfrohes Licht gerückt wird. Dem Charme der mittelalterlichen Burgstadt kann man sich auch nachts kaum entziehen. Danach steuern wir unsere letzte Station des heutigen Abends an, die Stadt Krems, wo die Schiffe Stunden zuvor abgelegt haben. Die „Sunnawend“ und die Wachau, welch eine Symbiose!

Info

Zahlreiche Schifffahrtsunternehmen bieten zur Sonnenwende spezielle **Fahrten in der Wachau** (von Krems bis Spitz und wieder zurück) und im Nibelungengau an. In der Wachau findet die Veranstaltung jedes Jahr am nächstgelegenen Samstag zum 21. Juni statt, im Nibelungengau wird sie jeweils zeitnah zum Termin in der Wachau abgehalten. Die Fahrten können unter anderem bei BRANDNER Schiffahrt gebucht werden.
www.brandner.at/de
www.sonnenwende.at

Sunnawend in Dürnstein

20

EIN DORF BLÜHT AUF

21

Mohndorf Armschlag

Die Armschlager haben rund um ihre bunten Mohnfelder eine kleine Erlebniswelt geschaffen. Kurios ist das Jesuskind mit Mohnzuzler im Nachbarort Grainbrunn.

Das Dorf ist einen Kilometer lang, hat hundert Einwohner und besteht aus 35 Häusern. Fünf Bauern bepflanzen 15 Hektar mit Mohnsamen und ernten in guten Jahren bis zu 15 Tonnen Mohn, den sie hier verarbeiten und verkaufen. Armschlag im südlichen Waldviertel setzt seit drei Jahrzehnten konsequent auf eine Pflanze und hat damit für seine bescheidene Größe einen erstaunlich hohen Bekanntheitsgrad erreicht.

„Mohn hat seit 700 Jahren Tradition bei uns", sagt Mohndorfobfrau Edith Weiß. Das sei verbürgt durch Aufzeichnungen und historische Verträge über Bauernhofübergaben aus dem Stift Zwettl. Die Pflanze war im Waldviertel ein wichtiger Wirtschaftsfaktor und wurde bis in die 1930er-Jahre an der Londoner Börse gehandelt. Im Zweiten Weltkrieg war es den Bauern verboten, Mohn anzupflanzen, wer es doch tat, musste die Ernte abliefern. Wer sich etwas davon abzweigte, riskierte sein Leben. „Dafür gab es die Bezeichnung Galgenstrudel", erzählt die Obfrau. Nach dem Krieg wurde Mohn nur noch für den Eigenbedarf angebaut, da der Verkauf für Landwirte nicht rentabel war. Erst in den 1980er-Jahren zeigten Bauern wieder Interesse an Sonderkulturen. Die Familie von Edith Weiß war eine der ersten, die wieder Mohn in der Region anbaute. „Ende August ist jedes Jahr die Großfamilie zusammengekommen, um die Kapseln 14 Tage lang händisch zu ernten", erinnert sie sich. Im Juli, wenn die Blumen blühten, seien immer wieder Durchfahrende auf die Bremse gestiegen, um die bunten Felder zu betrachten.

Die zündende Idee kam schließlich 1989 von Dorfwirt Johann Neuwiesinger, mittlerweile besser bekannt als Mohnwirt. „Wir wollten den Ort beleben. Also nannten wir uns Mohndorf und begannen mit Ab-Hof-Verkauf von Mohn und einem Lehrpfad", erinnert sich Neuwiesinger. „Das Konzept wurde gut angenommen und ist im Laufe der Zeit immer mehr gewachsen." Es ist erstaunlich, was sich die Dorfbewohner rund um das Thema einfallen ließen.

Mohnwirtin und Mohnwirt

Die weltweit größte Mohnmühlensammlung

Der Mohngarten

Jesus mit Mohnzuzler

21

Alles Mohn

Da ist zunächst Mohnwirtin Rosemarie Neuwiesinger, die nahezu jedes zweite Gericht des Gasthauses, *nomen est omen,* mit Mohn zubereitet. Dabei peppt sie gerne traditionelle Rezepte mit innovativen Ideen auf. Neben diversen Süßspeisen wird Mohn auch als Zutat für pikante Gerichte verwendet, etwa als Panier für den Waldviertler Karpfen oder als Suppeneinlage. Im Stadl beim Mohnwirt wird die größte Mohnmühlensammlung der Welt mit rund 2.000 Exponaten präsentiert, im Bauernladen nebenan verkauft man verschiedenste Produkte rund um den Mohn, in der Mohnmühle kann man den dort gekauften Grau- und Weißmohn gleich mahlen lassen. Auf dem Parkplatz gegenüber dem Shop passiert man das mit einer Länge von 60 Metern wohl größte Mohnbild der Welt, von dort sind es nur noch wenige Schritte in den Mohngarten, wo zwischen Blumenbeeten ein Mohnument (sic!), eine riesige Weidenmohnkapsel und eine mohnrote Sonnenuhr stehen. In der Mohnschule werden regelmäßig Back- oder Bastelkurse mit Mohn angeboten, selbst die Straßenlampen im Dorf sind Mohnblumen nachempfunden. Im September, wenn die Blumen längst verblüht sind, beleuchten sie die jährlich wechselnden Themenveranstaltungen wie der Mohn.Genuss. Herbst. Der Mohnexpress, ein Bummelzug mit aufgemalten Blumen, bringt Besucher zur eigentlichen Hauptattraktion des Dorfes, den Mohnfeldern. Die blühen allerdings nur wenige Wochen im Jahr, vorwiegend im Juli.

„Heuer gehen wir erstmals Mohnwallfahrten", erzählt Obfrau Weiß. Ziel wird die barocke Pfarrkirche im Nachbarort Grainbrunn sein, die ein besonderes regionales Kuriosum aufzuweisen hat. Ein Gnadenbild von 1517 zeigt Maria mit dem Jesuskind auf dem Arm, das einen Mohnschnuller oder, wie man hier sagt, „Mohnzuzler" in der Hand hält. Das wertvolle Holztafelbild beweise, wie sehr der Mohn im Waldviertel verankert sei, so Weiß. Beim Mohnzuzler handelte es sich übrigens um ein Leinensackerl, das mit gemahlenen Mohnsamen befüllt war. „Das war für die Kinder völlig unbedenklich, das Opium, das man etwa in Afghanistan gewinnt, wird dagegen aus Kapselteilen hergestellt." Die Saison in Armschlag dauert von April bis Oktober. „Im Winter ist es dann sehr ruhig bei uns, nur der Wirt und die Mohnmühle sind geöffnet", sagt Weiß. Und in der kalten Jahreszeit? Sie schmunzelt. „Da denken wir über die Innovationen für das nächste Jahr nach."

Info

Mohndorf Armschlag, 3525 Sallingberg, *www.mohndorf.at*

RUINEN IM SPERRGEBIET

Döllersheim, Truppenübungsplatz Allentsteig

22

Knapp 7.000 Waldviertler wurden zwischen 1938 und 1942 von den Nazis ausgesiedelt, um die Errichtung eines Truppenübungsplatzes zu ermöglichen. Das Gelände ist bis heute militärisches Sperrgebiet, nur ein Dorfteil wurde als öffentlich zugängliche Gedenkstätte gestaltet.

Fast gespensterhaft tauchen am Ende des Weges verfallene und überwucherte Mauern auf, Reste von Häusern, in denen vor mehr als 70 Jahren ein Bäcker sein Brot verkaufte, Kinder die Schulbank drückten, ein Zahnarzt ordinierte. Schautafeln mit alten Schwarz-Weiß-Fotos bezeugen stumm den ganz normalen Dorfalltag in der Zwischenkriegszeit. Halbwegs intakt sind nur der Florianibrunnen am Kirchberg, die Kirche und der dazugehörige Friedhof. Mal ist es ganz ruhig im Geisterdorf, dann wird die Stille von Kanonendonner und dem Lärm überfliegender Kampfflugzeuge des Bundesheeres unterbrochen. Denn Döllersheim liegt am Rande des 157 km² großen Truppenübungsplatzes Allentsteig und ist der einzige Ort auf dem Gelände, der für Besucher frei zugänglich ist.

Zwischen 1938 und 1942 wurden im Herzen des Waldviertels 42 Orte sowie mehrere Gehöfte und Mühlen auf Befehl der deutschen Wehrmacht geräumt und knapp 7.000 Menschen ausgesiedelt. Die Pfarre Döllersheim wurde 1942 aufgelöst. Nach dem Zweiten Weltkrieg besetzte die Rote Armee den Truppenübungsplatz, nach der Unterzeichnung des Staatsvertrages 1955 ging das Areal in den Besitz der Republik Österreich über, Pläne zu einer Wiederbesiedlung des Areals zerschlugen sich, und so blieb es bis heute militärisches Sperrgebiet. Die von der Regierung Raab 1957 beschlossenen „Staatsvertragsdurchführungsgesetze" legten fest, dass die Ausgesiedelten kein Recht mehr auf ihren früheren Besitz hatten – sie verloren damit für immer ihre Heimat.

Die Wehrmacht und die Sowjets hatten Spuren der Zerstörung hinterlassen, die größten Verwüstungen begingen jedoch die Einheimischen selbst. In den Zeiten des Mangels nach dem Zweiten Weltkrieg trugen Leute aus der Umgebung Teile der Häuser ab und verwendeten sie als Baumaterial. Ohne Dächer, Fenster und Türen verfielen die verlassenen Dörfer rasch.

Kirchberg, Kirche und Friedhof von Döllersheim wurden den ehemaligen Bewohnern und deren Angehörigen als Gedenkstätte zur Verfügung gestellt, seit 1957 treffen sie sich einmal im Jahr zu einer Allerseelenfeier. 1986 wurde der Verein „Freunde der alten Heimat" gegründet, deren Mitglieder sich bis heute um die Gedenkstätte kümmern und auf Anfrage Besucher durch das Ruinendorf begleiten.

Hitlers Verwandte lebten in Döllersheim

„Man kann schätzen, was Häuser oder Grundstücke wert sind. Aber man kann niemandes Wurzeln kaufen", sagt Gabriele Geisberger. Ihr Mann Gerhard nickt zustimmend. „Meine Mutter war 13 Jahre, als sie ausgesiedelt wurde", fügt er hinzu. „Heute ist sie 91 Jahre alt, doch im Laufe der Zeit hat sie uns immer wieder von ihrer Kindheit in Döllersheim erzählt." Die persönlichen Schicksale der Ausgesiedelten seien es, die den Steinen Leben einhauchen, so die beiden Vereinsmitglieder. Der „Anschluss" an Hitlerdeutschland wurde zunächst auch in Döllersheim von großen Teilen der Bevölkerung begrüßt, doch die Freude hielt nicht lange. Bald darauf wurde mit den ersten Aussiedelungen begonnen. Viele Menschen verloren damals nicht nur ihre Heimat, sondern fast ihr ganzes Vermögen. Während die erste Tranche noch halbwegs gerecht entschädigt wurde, erhielten die letzten Vertriebenen nur noch gesperrte Sparbücher, die nach dem Krieg völlig wertlos waren.

„Dieser Pfarrhof hat Geschichte geschrieben", sagt Gabriele Geisberger, als sie die Tür zur Friedenskirche aufsperrt. „Die Großeltern von Adolf Hitler haben in dieser Kirche geheiratet, und sein Vater Alois Hitler wurde hier im Alter von rund 40 Jahren vom Pfarrer durch Dokumentenfälschung zu einem ehelichen Kind gemacht." Alois Schicklgruber, so sein richtiger Name, wollte Zollbeamter werden und in der k. u. k. Zeit wäre einem unehelichen Kind die Beamtenkarriere verwehrt geblieben.

Warum gerade dieses Gebiet als Truppenübungsplatz ausgewählt wurde, kann niemand mit Sicherheit sagen. Eine Theorie besagt, Adolf Hitler wollte seine ärmliche Herkunft verschleiern. Dagegen spricht allerdings, dass die Gemeinde für seine Großmutter, Anna Maria Schicklgruber (1795–1847), an der Kirchenmauer ein Ehrengrab errichten ließ, zudem gab es während des Krieges in Döllersheim einen „Alois-Hitler-Platz" und Ansichtskarten mit dem Hinweis, dass hier Hitlers Großeltern geheiratet hatten. Stimmiger klingt die Vermutung der Geisbergers: „Es gab hier bereits Manöver unter Kaiser Franz Joseph I. und Pläne für einen Truppenübungsplatz aus der Zwischenkriegszeit. Die Wehrmacht hat diese Pläne wahrscheinlich wieder aus der Schublade geholt."

Die Friedenskirche

Der Friedhof dient als Gedenkstätte.

Die Reste des Bürgerspitals

Der historische Schauplatz selbst, die Friedenskirche, wurde vom Schutt befreit, teilweise restauriert und bekam ein neues Dach. Die ersten Allerseelenmessen fanden noch unter freiem Himmel statt. Auch der Friedhof hinter dem Gotteshaus wurde von den Vereinsmitgliedern saniert, von den heute mehr als 300 Grabstellen werden noch einige von Angehörigen gepflegt.

Was es bedeutet, in nur wenigen Wochen seine Heimat zu verlieren, können wir nur erahnen. Während wir Gerhard Geisberger die Stufen hinauf zum Kirchturm folgen, um den Ausblick auf die weitläufige Waldlandschaft zu erhaschen, erzählt er von dem Leid der Aussiedler. „Viele von ihnen, vor allem Ältere, begingen Selbstmord."

Rundfahrten im Sperrgebiet

Mehrmals im Jahr werden vom Bundesheer Rundfahrten durch das Truppenübungsgelände angeboten, Start und Ziel ist die Gemeinde Allentsteig. Diese Fahrten sind sehr beliebt und rasch ausgebucht. Ein Mitglied des Militärs referiert dabei über das Übungsgelände, ein Wildbiologe erzählt über die verwilderte Landschaft, in der sich im Laufe der Jahrzehnte unter anderem auch seltene Tier- und Pflanzenarten ansiedelten. Der Truppenübungsplatz wurde deshalb zum Natura-2000-Schutzgebiet erklärt. Biber und Seeadler sind hier sesshaft geworden und dürfen nicht mehr vertrieben werden.

Info

Verein „Freunde der alten Heimat", Führungen in Döllersheim können per Mail vereinbart werden: *bernhard.lehr@wvnet.at*

Informationen und Anmeldungen für die Truppenübungsplatz-Rundfahrten: Gemeindeamt Allentsteig, Hauptstraße 23, 3804 Allentsteig

www.allentsteig.gv.at

LOCH NESS, ATLANTIS UND EIN STAUSEE

Stausee Ottenstein, Peygarten-Ottenstein

23

Das Waldviertler Freizeitparadies sorgte bereits mehrmals für skurrile Zeitungsmeldungen.

Den besten Überblick über das heiße Sommerwochenend-Szenario hat man auf der charmanten Terrasse des Seerestaurants Ottenstein. In Buchten und auf Steinformationen brutzeln Sonnenhungrige, auf dem Wasser tuckern Boote, direkt gegenüber erfüllt die Burgruine Lichtenfels ihren Job als Blickfang mehr als tadellos. Das künstliche Gewässer mit den fjordartig verzweigten Buchten ist seit Jahrzehnten ein Badeparadies für Einheimische und Camper. Seine Existenz verdankt der Stausee dem Bau der Kamp-Kraftwerke in den 1950er-Jahren. Eine 60 Meter hohe Staumauer versperrt seit damals dem Kamp den Weg und schuf ein neues Ausflugsziel. Der See erlangte aber auch durch Zeitungsmeldungen und Gerüchte einen unkonventionellen Bekanntheitsgrad. „Atlantis erhob sich aus dem Stausee Ottenstein" oder „Urlauber sah grünes Ungeheuer" lauteten etwa zwei Überschriften. Altmeister Mark Twain hätte diese Meldungen wohl folgendermaßen kommentiert: „Die Nachrichten über Atlantis und Loch Ness im Waldviertel sind stark übertrieben."

Zwei Überschriften und was dahintersteckt

Als im Februar 2006 eine Ruine aus dem Ottensteiner Stausee auftauchte, war die Überraschung groß. Aufgrund des extrem niedrigen Wasserstandes waren die Grundmauern der versunkenen Fürnkranzmühle ans Tageslicht gekommen. Mit dem Aufstau in den Jahren 1956/57 waren so manche durch den Truppenübungsplatz Allentsteig (s. S. 79 ff.) entsiedelte Orte und Gebäude überflutet worden, darunter auch mehrere Höfe und besagte Fürnkranzmühle, nach der heute ein beliebter Bade- und Bootsanlegeplatz benannt ist. Der Pegel musste um etwa 15 Meter sinken, um die Überreste des uralten Gemäuers (bereits 1333 und 1345 als Reinprechtsbruckermühle urkundlich erwähnt) freizugeben. So kam es zu dem überschwänglichen „Atlantis"-Titel.

Der zweite Artikel („Urlauber sah grünes Ungeheuer: Wegen Hysterie im Krankenhaus") stammt aus dem Jahr 1990. Darin wird von Gerüchten be-

Das Gebäude, bevor es geflutet wurde

richtet, wonach ein Hund von einem räuberischem „Ding“ in die Tiefe gezogen worden war, es mangelte allerdings an Augenzeugen – zumindest an solchen, die namentlich genannt werden wollten. Im gleichen Zeitraum hieß es, ein Urlauber hätte beim nächtlichen Toilettengang gar einen Außerirdischen gesehen. Der Mann landete aufgrund eines Schocks im Zwettler Krankenhaus. Auch über die Sichtung von Krokodilen und Werwölfen wurde angeblich gemunkelt. Der Reporter mutmaßte, dass verärgerte Fischer die Geschichten in Umlauf gebracht hätten, um am See ungestörter zu sein. Ebenfalls eine plausible Erklärung für die Ungeheuer-Fama lieferte Jahre später der Angler Alwin Grötzl. Am 18. August 2016 berichtete die Tageszeitung KURIER über einen 224 Zentimeter langen Wels, den Grötzl wenige Tage zuvor gefangen hatte. Das Tier hätte ihn beinahe vom Boot gerissen. Der Zwettler wird folgendermaßen zitiert: „Ich kenne natürlich auch die alten Geschichten vom angeblichen Krokodil im Stausee, die immer wieder auftauchen. Jetzt bin ich sicher, dass sie entstanden sind, weil so ein Fisch an der Wasseroberfläche geschwommen ist.“ Eine Biologin schätzte sein Alter auf rund vierzig Jahre, ein Zusammenhang mit den Geschichten von 1990 wäre also möglich. Der Angler schenkte dem riesigenWels übrigens nach der Vermessung wieder die Freiheit.

Info

Tourismusinformation Kampseen, Peygarten-Ottenstein 215, 3532 Rastenfeld, *www.kampseen.at*

Blick auf die Burgruine Lichtenfels

Die Staumauer versperrt dem Kamp den Weg.

ZUFLUCHT FÜR TRAUMATISIERTE BÄREN

24

Bärenwald Arbesbach

In dem VIER PFOTEN-Pilotprojekt im Waldviertel werden Bären mit traumatischer Vergangenheit artgerecht gehalten. In freier Wildbahn wären die Tiere nicht mehr lebensfähig.

Brumca sitzt in ihrem Gehege und kaut an einem Apfel, ihr dunkles Fell ist klatschnass vom strömenden Regen. Die Bärin lebt gerne zurückgezogen, den Besuchern zeigt sie sich äußerst selten. Sie hat sich in ihrem Areal eine eigene Höhle gegraben, in der sie überwintert. Ihre sechs Artgenossen hingegen verbringen die kalte Jahreszeit in eigens dafür angelegten unterirdischen Höhlen, doch Brumca misstraut geschlossenen Türen, andere Lebewesen erträgt sie nur schwer in ihrer Nähe.

„Traumatisierte Tiere legen ihre Vergangenheit nicht so einfach ab“, sagt Betriebsleiterin und Zoologin Sigrid Zederbauer. Die ersten Jahre ist Brumca meistens nur vier Meter vor- und zurückgegangen. Es hat lange gedauert, bis sie sich an ihre neue Bewegungsfreiheit gewöhnt hat“, erzählt Zederbauer. Die Bärin hat sechs Jahre als „privates Haustier“ im Bezirk Baden verbracht, eingesperrt in einer Garage, bis sie 1998 hierhergekommen ist. Weil sie jahrelang in Gefangenschaft gelebt hat, würde sie in freier Wildbahn nicht mehr überleben.

Der BÄRENWALD Arbesbach im südwestlichen Waldviertel wurde 1998 gegründet und war das erste Bären-Projekt der Tierschutzstiftung VIER PFOTEN. Die Stiftung gewährt Bären aus schlechten Haltungen, etwa Zirkus- und Käfigbären, in vier Gehegen auf dem 14.000 m² großen Areal dauerhaftes Asyl. Die Wildtiere können hier ihren individuellen Bedürfnissen nachgehen, sie baden, schlafen, fressen oder wandern herum, wann sie wollen. Und vor allem werden sie nicht zur Schau gestellt. „Wir sind weder ein Zoo noch ein Tierpark. Die Besucher haben bei uns keine Garantie auf eine Tiersichtung“, erklärt Zederbauer. Auch süße Tierbabys wird man im Bärenauffanglager wohl nie sehen, denn alle Männchen sind kastriert. „Wir züchten keine Jungtiere, gute Plätze für Bären sind ohnehin knapp.“ Trotzdem – oder gerade deshalb – zählt das Pilotprojekt rund 40.000 Besucher jährlich. Wir unterhalten unsere Gäste mit naturpädagogischen Elementen

nzenz wurde jahrelang als Maskottchen gehalten.

Bärin Emma

Eremitin Brumca

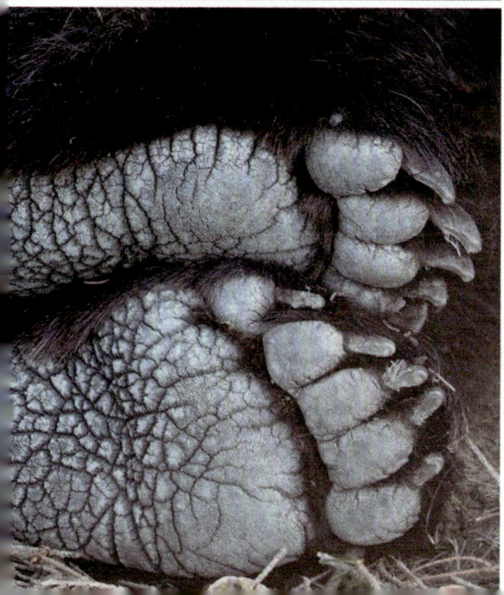

Erich nimmt ein Bad.

und versuchen, die Menschen für das Leid der Tiere zu sensibilisieren. Das gelingt uns auch sehr gut."

Sieben Bären und ihr Schicksal

Derzeit leben sieben Braunbären in den vier Gehegen. Eine davon ist Eremitin Brumca - nicht nur sie hat eine leidvolle Geschichte hinter sich. Vinzenz etwa wurde gemeinsam mit seiner Schwester Liese zwölf Jahre lang in einem betonierten Graben als Maskottchen eines Skiliftbetreibers gehalten. Das Bärenmännchen zählt mittlerweile 29 Jahre, Liese starb 2017. Die Brüder Tom und Jerry wurden als Zirkusbären gehalten, bevor sie 2000 nach Arbesbach kamen. Sie mussten zur Belustigung des Publikums zwölf Jahre lang unnatürliche Kunststücke ausführen. Beide leiden deshalb unter Fehlstellungen der Beine, Tom zudem an einer Hüftgelenksarthrose. Miri und ihre Kinder Erich und Emma lebten in einem oberösterreichischen Tierpark und zogen nach dessen Schließung ins Waldviertler Bärenauffanglager. Die Geschwister sind mit sieben Jahren die jüngsten Bären des Pilotprojekts. „Wie in freier Wildbahn verbringen unsere Bären den Großteil des Tages mit der Nahrungssuche", erzählt Zederbauer. Dafür sorgen die Tierpfleger, die das Futter im Gehege verstecken und dazu laufend neue Beschäftigungsmöglichkeiten für ihre Schützlinge entwickeln, um ihre Intelligenz und ihr Geschick zu fördern. In Österreich ist die Haltung von Zirkusbären seit einigen Jahren verboten. Mittlerweile gibt es in mehreren europäischen Ländern und in Vietnam Bärenwälder, andere werden gerade gebaut oder befinden sich in Planung. „Der Bär ist ein spektakuläres Tier, aber auch ein Individualist", sagt die Zoologin. Er sei unberechenbar, habe keine Mimik oder einen Schwanz zum Wedeln wie etwa ein Hund. Auch nach jahrelangem Kontakt würde es kein Tierpfleger wagen, ein Bärengehege ohne das schützende Schleusensystem zu betreten. „Menschen haben viele Lebewesen gezähmt, doch der Bär gilt weltweit als unbezwingbar. Zwang, Schmerz und Futterentzug sind die gängigen Mittel, um ihn gefügig zu machen. Der Reiz, dieses mächtige Tier zu unterwerfen, scheint groß zu sein. Es geht dabei lediglich um das Spiel mit der Macht."

Info

Bärenwald Arbesbach, Schönfeld 18, 3925 Arbesbach.
Die Besucher können sowohl selbstständig durch den Park gehen, als auch eine Führung buchen, mit der sie in zusätzliche Bereiche des Parks kommen. *www.baerenwald.at*

GLÜCKSPILZE IM EIGENEN GARTEN

Waldviertler Pilzgarten, Mistelbach, Großschönau

25

Um an eine ertragreiche Pilzernte zu kommen, braucht man Korb, Messer und geheime Schwammerlplätze. In Mistelbach, Bezirk Gmünd, verwendet man stattdessen Motorsäge und Bohrmaschine.

Der Pilzgarten von Moritz Wildenauer und seiner Partnerin Magdalena Wurth gleicht eher einem kleinen Wald. Holzstämme liegen und hängen wie Riesen-Xylofone herum oder sind eingegraben. „Pilze selbst anzubauen ist nicht kompliziert und überall dort möglich, wo ein geeigneter Platz vorhanden ist. Wichtig ist nur, dass er schattig und windgeschützt ist und eine hohe Luftfeuchtigkeit vorherrscht, denn Pilze bevorzugen feuchtes Mikroklima. Wasser sollte in der Nähe vorhanden sein", erzählt Wildenauer.
Agrarwissenschaftlerin Wurth und der gelernte Tischler Wildenauer betreiben den Waldviertler Pilzgarten seit drei Jahren. Begonnen hat alles mit Magdalenas Vater, Herbert Wurth, vor über 30 Jahren. Damals fing er an, sich mit der Kultivierung von Speisepilzen im Garten und im Labor sowie für den Erhalt der Kulturpflanzenvielfalt zu beschäftigen. Mit diesem Erfahrungsschatz stellten sie das Projekt Pilzzucht auf professionelle Beine. „Damit sich jeder Hobby- oder Kleingärtner seine eigenen Schwammerl züchten kann", wie sie sagen.
Je nach Pilzart unterscheidet man zwischen Erd- oder Luftkultur, also mit oder ohne Erdkontakt der Stämme bzw. zwischen Schnittimpf-, Bohrloch- oder Dübelimpfmethode. Klingt kompliziert, ist es aber nicht. Die Kultivierung der Shiitakepilze ist in etwa 1.000 Jahre alt, kommt aus Japan und soll auch bei uns Fuß fassen um unseren Speiseplan zu bereichern, wenn es nach den begeisterten Schwammerlzüchtern geht.

Beimpfung der Baumstämme

Bei der Schnittimpfmethode werden vorzugsweise einmetrige Buchen-, Eichen- oder auch Birkenstämme verwendet und nach mehrwöchiger Lagerung mit der Motorsäge zwei- bis dreimal eingeschnitten, danach mit unter Laborbedingungen hergestellter Pilzbrut befüllt bzw. beimpft, verschlossen und hängend oder liegend für die einjährige Durchwachsphase gelagert.

Moritz Wildenauer in seinem Pilzgarten

Das Myzel, also das Pilzgeflecht ohne die sichtbaren Fruchtkörper, braucht diese Zeit, um sich im Stamm auszubreiten. Ähnlich funktioniert die Bohrloch- oder Dübelmethode, die bei anderen Pilzen angewendet wird, nur das hier eben Löcher gebohrt, beimpft und verschlossen werden. Die beimpften Stämme können vor Ort erworben und noch im gleichen Jahr beerntet werden. Je nach Stärke der Laubholzstämme fruchten sie drei bis sechs Jahre. „Wir arbeiten auch mit Partnergärtnereien wie zum Beispiel mit der Arche Noah in Schiltern, zusammen", sagt Wildenauer, „darüber hinaus sind wir auch auf vielen Märkten vertreten." Wer einen eigenen Wald hat oder die Möglichkeit Hölzer zu bekommen, bearbeitet sie nach Anleitung mit der Motorsäge oder der Bohrmaschine und bezieht nur die Pilzbrut. In diesem Fall kann im Jahr darauf geerntet werden.

Führungen durch den Schaugarten und Kurse werden angeboten, sind aber keine Voraussetzung zur eigenen Pilzzucht. Genaue Schritt-für-Schritt-Anleitungen liegen jeder Bestellung bei. Das 2015 erschienene und bereits auch ins Englische und Französische übersetzte Buch *Pilze selbst anbauen* von Magdalena und Herbert Wurth gibt detaillierte Einblicke in das Thema. Einen Tipp für die Gäste aus der Großstadt hat Wildenauer ebenfalls parat. „Wir haben es auch schon in einem Wiener Innenhof ausprobiert und es hat super funktioniert."

Info

Waldviertler Pilzgarten, Mistelbach 28, 3922 Großschönau
www.pilzgarten.at

25

Beimpfte Stämme

26 FANTASIEWELT AUS SCHROTT

Skulpturenpark „Kunst zwingt Rost“, Pehendorf

Neben einer Landstraße mitten im Waldviertel bevölkern knapp 300 Skulpturen des Schrottkünstlers Helmuth Hammel ein sonst entlegenes Fleckchen.

„Zu viel Fantasie." Helmuth Hammel antwortet auf die Frage, was denn der Antrieb für seine künstlerische Tätigkeit sei, sehr akkurat. Seit zehn Jahren fertigt der Wiener Skulpturen, vorwiegend aus alten Eisenteilen, und präsentiert etwa die Hälfte seiner Exponate, bis zu 300 Stück, auf einem Grundstück links und rechts der Verbindungstraße Pehendorf-Schönbach. Der Park, gleichzeitig Galerie und Ausstellungsraum, zählt zu jenen Überraschungsmomenten mitten in der Landschaft, die das Fahren auf kleineren Land- und Nebenstraßen so erstrebenswert machen.

Auf drei Wiesen und jederzeit öffentlich zugänglich bevölkern mystische Sagenwesen, etwa der weibliche Dämon Succubus, oder Märchenfiguren wie „Schneewittchen und die sieben Zwerge" den Skulpturenpark „Kunst zwingt Rost". „Ich mag Märchen eigentlich gar nicht, aber die Geschichte von Schneewittchen ist so unglaubhaft, dass sie schon wieder gut ist", sagt Hammel und rückt sich seine rotumränderte Brille zurecht. Viele seiner Exponate lösen im Auge des Betrachters ein durchaus gewolltes Augenzwinkern aus, etwa die schrägen Konstruktionen „Waldschrat-Schrott-Band" oder „Last Party", auf der die rostigen Protagonisten unverkennbar eine aus dem Ruder gelaufene Orgie feiern. Um sich an den Skulpturen zu delektieren, ist etwas Zeit erforderlich. Vor jedem Kunstwerk steht ein Namensschild, durch das die Bedeutung des Exponats oft erst klar wird. „Ich bin ein Mann des Wortes", sagt der ehemalige Journalist Hammel. „Zuerst sind die Worte in meinem Kopf, dann die geistige Skizze und das setze ich dann optisch um." Er sei Autodidakt, das Verarbeiten von Schrott habe er sich selber beigebracht. „Mir gefallen meine Objekte. Sie sind keine Massenware, die man im Geschäft kaufen kann."

Biker und Busfahrer steigen auf die Bremse

Bereits 1974 hat es den mittlerweile 70-jährigen Helmuth Hammel und seine Ehefrau Erika ins Waldviertel verschlagen. Damals kauften sie ein Haus nahe

Weiblicher Dämon Succubus

26

Der „Exhibitionist“

„Zwangsarbeit“

dem kleinen Ort Pehendorf, das es ihnen sofort angetan hatte. Der Mieter, der das Haus vor den Hammels zehn Jahre lang als Rückzugsort genutzt hatte, war ein gewisser Peter Alexander. Seit dieser Zeit verbringen die Hammels vier Tage die Woche am Land, Montag bis Mittwoch wohnen sie in Wien. Die Symbiose zwischen den echten Wienern, die nach mehr als vierzig Jahren für die Dorfbewohner noch immer die Sommerfrischler seien, und den Ursprungs-Waldviertlern gestalte sich nicht immer ganz einfach, gesteht er. Aber das sei eine lange Geschichte und vor allem eine andere.

Das Haus, das sie damals nahe Pehendorf gekauft haben, ist mittlerweile mit Exponaten aus Schrott eingerichtet. „Angefangen hat es mit dem Umbau des Dachbodens", erzählt der Künstler. „Ich wollte das Treppengeländer nicht kaufen und habe es selbst gemacht, aus Eisen, Seilen und Haken." Dass er seine Werke im öffentlich zugänglichen Raum ausstelle, sei mittlerweile auch dem Platzmangel geschuldet. Reisebusse bleiben häufig stehen, aber auch Motorradfahrer gehören zur Klientel des Skulpturenparks, er liegt direkt an einer beliebten Bikerstrecke. „Werbung mache ich nicht", sagt er. „Die meisten Besucher werden durch Mundpropaganda auf *Kunst zwingt Rost* aufmerksam." Nach Voranmeldung begleite er Interessierte auf ihrem Rundgang.

Sein Material holt sich Hammel von Altwarenhändlern. „Ich habe Tonnen herumliegen. Habe ich eine Idee für ein Objekt, suche ich mir Passendes zusammen. Oder ich gehe auf einen Schrottplatz und werde von bestimmten Teilen inspiriert." Eine seiner Lieblingsskulpturen ist der Schafsmann, eine mystische Figur aus dem Roman *Tanz mit dem Schafsmann* von Bestsellerautor Haruki Murakami. „Erstens ist diese Skulptur sehr gut gelungen, und zweitens gibt es eine Vorgeschichte. Ich wollte sie unbedingt machen und hatte keine Ahnung, wie. Mehrere aufeinanderfolgende Nächte wachte ich schweißgebadet auf. Und danach war die Skulptur in meinem Kopf geboren." Hammels Objekte wiegen teilweise mehrere hundert Kilo. Für die Endfertigung holt er sich darum Hilfe von einem Schweißer aus dem Nachbardorf. „So etwas kann man nicht alleine machen. Ich halte die Teile zusammen, der andere fixiert sie mit dem Schweißgerät." Kaufe jemand eine Skulptur, müsse sie mit dem Anhänger geliefert werden. „Schnell mal in den Kofferraum einladen geht bei diesen Objekten nicht", sagt der Künstler lachend.

Info

Kunst zwingt Rost, der Besuch ist gratis (Spendenbox), ganzjährig und rund um die Uhr möglich. Pehendorf 12, 3911 Rappottenstein
kunst-zwingt-rost.at

SCHWINGBILDER UND DENKARIUM

27

Waldviertler Erfinderwerkstatt, Roiten

Das Waldviertel gilt als Eldorado für Kreative, einer davon wird stellvertretend vorgestellt. Kunstsinnige können im Dorf zudem auf Friedensreich Hundertwassers Spuren wandeln.

Im Waldviertel lassen sich seit vielen Jahren Künstler und Kreative nieder, um hier ungestört ihre Ideen zu verwirklichen. Einer davon ist Stephan Pöhnlein, der in seiner Waldviertler Erfinderwerkstatt in Roiten im Schnitt einmal pro Woche einen neuen Gegenstand baut, den es in dieser Form meist noch nicht gegeben hat. „Mein Hauptaugenmerk ist darauf gerichtet, Alltagsprobleme zu lösen", erklärt der 59-Jährige und zeigt uns einen Flaschenöffner, den er kreiert hat. „Die Flasche lässt sich erstens mit einer Hand öffnen und zweitens bleibt die Kapsel unbeschädigt, man kann sie wieder als Verschluss verwenden." Weniger praktisch orientiert, dafür kurios ist etwa sein Werkstattradio, das er dem „Fuchsbau", einem Haus aus den Harry-Potter-Büchern, nachempfunden hat. Auch im Badezimmer stehen von Potter inspirierte Werkstücke, unter anderem ein „Denkarium". In den Büchern von Joanne K. Rowling handelt es sich dabei um eine Schale, die Reminiszensen abspeichert, damit der Kopf nicht zu voll wird. Bei Pöhnlein ist es ein Behälter, aus dem man mit Hilfe von Magneten kleine Papierröllchen mit Erinnerungen fischt. Manche seiner Werkstücke bezeichnet er selbst als sinnbefreit, etwa seine Rube-Goldberg-Maschinen, die nur dem Zweck dienen, eine einfache Aufgabe auf möglichst umständliche Art und Weise in zahlreichen unnötigen und komplizierten Arbeitsschritten auszuführen.

Vor sechs Jahren bezog der gebürtige Münchner ein Haus im Waldviertel. Seit diesem Zeitpunkt tobt er sich kreativ aus. Mit einem Boot, das er aus nur einem Balken gebaut hat, gewann er einen Wettbewerb, an den Wänden hängen selbstgemachte Wandspiele, in seiner Küche zeigt er uns zwei Jausenbretter mit zusätzlich drei Funktionen. „Man kann sie entweder als Obstschale, Topfdeckelablage oder Kochbuchständer verwenden."

Als er vor vielen Jahren als Puppenspieler jobbte, spielte der Autodidakt unter anderem die Rocky-Horror-Puppet-Show. Eine unzuverlässige Mitarbeiterin veranlasste ihn dazu, die Bühne und die Puppen für den Einmann-

Betrieb umzubauen. „Danach habe ich mit elf Puppen alleine gespielt, gleichzeitig die Kulissen manipuliert und Licht und Sound geregelt.“

Ob Kochlöffelkatapult, Schatzkisten mit unterschiedlichen Rätselschlössern oder Meditationsmühlen - seine kleinen Erfindungen stellt Pöhnlein seit 2011 regelmäßig auf seinem YouTube-Kanal vor, auf Deutsch mit englischen Untertiteln. Mehr als 20.000 Abonnenten folgen ihm. „Auf dem Kanal waren schon aus jedem Land der Welt Besucher, außer aus Nordkorea“, erzählt er stolz. Besucher seien in seiner Werkstatt jederzeit willkommen, auch spontan. „Es kann halt nur sein, dass ich nicht da bin.“ Pöhnlein fährt regelmäßig als Aussteller zu Kunstmärkten. Dort verkauft er Bilder, die sein Harmonograph zeichnet, in dem er zwei Pendel zum Schwingen bringt. Diese Erfindung aus dem 19. Jahrhundert hat er nachgebaut und weiterentwickelt. „Ich habe drei Skalen angebracht - für den Tag, für den Monat und für das Jahr. Die Leute lassen sich meistens ihr Geburtsdatum einstellen, dann setze ich es in Bewegung. Je nach Datum entsteht ein anderes Bild.“ Während er die Pendel schwingen lässt, wird uns klar: Verspielte kommen bei Pöhnlein gleichermaßen auf ihre Kosten wie praktisch Veranlagte.

Hundertwasser lebte einst in Roiten

Im Nebengebäude des kleinen Dorfmuseums von Roiten wird unter anderem die Dauerausstellung „Erinnerungen an Friedensreich Hundertwasser“ präsentiert, in Filmaufnahmen erzählen Zeitzeugen, meist Einwohner von Roiten, über ihre Begegnungen mit dem Künstler. Das Museum hat er selbst gestaltet. Hintergrund: 1966 kaufte Hundertwasser die nicht mehr in Betrieb befindliche „Hahnsäge“, die sich in völliger Ruhelage direkt am Kamp befindet, um dort zu leben und zu arbeiten. Zur Mühle, die man nur von außen besichtigen kann, führt ein beschaulicher Waldwanderweg entlang des Flusses. Das Dach des Hauses ist, charakteristisch für Hundertwasser, mit Gras bewachsen, die Wände sind bunt bemalt. Allerdings nicht vom großen Meister selbst, sondern von seinem Freund Previn Cherkoori. Er wollte dem Künstler nach dessen Tod ein Denkmal setzen.

Info

Waldviertler Erfinderwerkstatt, Stephan Pöhnlein, Roiten 36, 3911 Rappottenstein, *sites.google.com/site/poehnlein*
Verein Dorfmuseum Roiten, Roiten 9, 3911 Rappottenstein
www.dorfmuseum-roiten.at

Stephan Pöhnlein vor seinem Baumhaus

Kugelbahn

Kochlöffelkatapult

Harmonograph in Bewegung

27

28 DES KAISERS HUT, DES KUTSCHERS STIEFEL

Schloss Rosenburg

Im Renaissanceschloss wird die Burggeschichte erfrischend unterhaltsam präsentiert. Bekannt ist das Anwesen auch für seine Greifvogelvorführungen in historischen Kostümen.

Auf der schmucken Rosenburg werden gerne Geschichten erzählt, ist sie doch immer wieder beliebter Drehort für verschiedenste Filme und TV-Produktionen. Das Renaissanceschloss diente unter anderem als stilvolle Kulisse für den historischen TV-Dreiteiler *Maximilian,* die Neuverfilmung von Anne Golons Bestseller *Angélique* oder das Grimm-Märchen *Die weiße Schlange.* Der größte Turnierhof seiner Art in Europa (auf dem einmal jährlich Ritterturniere veranstaltet werden), prunkvolle Säle, liebevoll gestaltete Blumengärten und die exaltierte Lage außerhalb des gleichnamigen Ortes nahe dem Kamp ziehen Filmemacher genauso an wie Besucher. Die Anlage ruht weithin sichtbar und umrahmt von Wäldern auf einem vorspringenden Felsen. Einst im Frühmittelalter als Wehrburg errichtet, wurde sie später in ein Renaissanceschloss umgebaut.

Seit 1681 ist sie im Besitz der Familie Graf Hoyos, die die Rosenburg als Sommerresidenz nutzte, sie aber bereits vor 130 Jahren für Besucher öffnete. Heute ist das Schloss unbewohnt und dient als Freizeitbetrieb sowie Museum.

Denn auch *über* die Rosenburg lassen sich viele Geschichten erzählen. Zahlen und Fakten werden während der Führung durch die herrschaftlichen Wohnräume und Sammlungen nur gestreift. Vielmehr haucht die Kulturvermittlerin den alten Exponaten und Mauern durch Berichte über Alltag und Kuriositäten aus der Zeit des Mittelalters Leben ein. So erklärt sie das fehlende Besteck auf dem wie anno dazumal gedeckten Tisch: „Jeder hat seinen eigenen Löffel zu den Mahlzeiten mitgebracht. Man hatte ihn immer dabei, so wie heute das Handy." Im Falle des Todes habe man den Löffel abgegeben. Die Bierkrüge mit Deckel zeugen von der ewigen Angst der Burgherren, von gierigen Verwandten vergiftet zu werden. „Der Deckel war eine Sicherheitsvorkehrung. Doch das war nicht genug, man stieß mit den Tischnachbarn so heftig an, dass die Getränke ineinander überschwappten."

28

Sommer- und Winterstiefel eines Kutschers

Im Schlafgemach erfahren wir, dass der Betthimmel im Mittelalter nicht nur die Funktion hatte, müde Ritter zu wärmen.
„Der Baldachin fing auch das gefrorene Ungeziefer auf, das im Winter von der Decke fiel." Woher sich der Begriff „Donnerbalken" für das Plumpsklo ableitet, lässt sich mit etwas Fantasie erahnen. Auch so manche Exponate überraschen. In der Waffenkammer stehen etwa die gigantischen Winterstiefel eines Kutschers. „Er ist mit den Sommerstiefeln hineingestiegen und musste mit einer Art Kran auf die Kutsche gehoben werden."
Das Naheverhältnis der Grafen Hoyos zu den Habsburgern beweisen zwei besonders wertvolle Ausstellungsstücke. So besuchte Kaiser Franz I. einst Johann Ernest Graf Hoyos-Sprinzenstein und vergaß seinen Zylinder, der heute in einer Vitrine der Rosenburg zu besichtigen ist. Eine Original-Denkschrift von Josef Theodor Graf Hoyos erinnert an seine enge Freundschaft mit Kronprinz Rudolf. Der Graf war auch in der Nacht von Rudolfs Freitod in Mayerling (s. S. 156 ff.) anwesend. Dem umtriebigen Ernst Karl Graf Hoyos-Sprinzenstein wiederum ist ein eigener Raum gewidmet. Ab den 1880er-Jahren führten ihn seine Reisen quer über die Kontinente, unzählige Fotos, Tagebücher, Briefe, Reiseutensilien und Skizzen sind erhalten geblieben.

Traditionelle Falknerei

Nahe der Aussichtsterrasse der Rosenburg kreist ein Steppenadler über dem Kamptal und nähert sich mehr und mehr dem Schloss. Als der historisch gewandete Falkner ein Zeichen gibt, legt der Greifvogel die Flügel an seinen Körper und stürzt sich nach unten auf den Burghof. Das Publikum applaudiert anerkennend.
Die Falknerei ist uralt und kam bereits mit den Kreuzzügen von Asien nach Europa. Kaiser Friedrich II. (1194–1250) höchstpersönlich verfasste das Lehrbuch *Über die Kunst, mit Vögeln zu jagen.* Auf der Rosenburg wurden

Weißkopfgeier auf der Schlossmauer

in der Renaissance die ersten kleineren Flugvorführungen abgehalten, damit sich die Fürsten ihre Falken für die kommende Jagdsaison aussuchen konnten. Der Tradition dieser Vorführungen blieb man treu, von April bis Oktober halten die Falkner täglich Flugshows ab, bei denen sie Greifvögel wie Weißkopfgeier, Seeadler, Uhus, Habichte, Kohlraben oder Sakerfalken präsentieren und traditionelle Formen der Jagd vorstellen. An jeweils einem Wochenende im Monat (ebenfalls April bis Oktober) wird zudem die Sondervorführung „Historische Falknerei zu Pferd" angeboten.

Info

Renaissanceschloss Rosenburg, Rosenburg 1, 3573 Rosenburg
www.rosenburg.at

29 BOOTSFAHRT UNTERM WIRTSHAUS

Haidl-Keller, Thaya

Ein Erlebnis der besonderen Art ist die Paddeltour im Keller unterhalb eines Gasthauses.

Der Kegel der Taschenlampe ist die einzige Lichtquelle, um die verwitterten Wände zu beleuchten. Zarte Wurzeln von Bäumen haben sich im Laufe der Jahre ihren Weg durch die Decke in die geheimnisvolle Wasserhöhle gebahnt. Die gewundenen Gänge des Kellers sind so eng, dass wir unser Boot nur fortbewegen können, indem wir uns mit den Händen an den feuchten Wänden weiterstoßen. Zur Sicherheit tragen wir Helme, obwohl laut Helmut Plach noch nie etwas passiert ist. „Nur ein einziges Mal ist ein Steinchen ins Boot gefallen", erinnert sich der agile Pensionist, der an der Anlegestelle auf uns wartet.

Der über achtzigjährige Herr ist der selbsternannte Ortsarchivar von Thaya, er sammelt jeden Zeitungsschnipsel, in dem die Gemeinde oder einer ihrer Bewohner erwähnt wird. Zudem führt er Besucher in den Haidl-Keller, in dem er selbst den Bootssteg gebaut hat. Sein bereits verstorbener Bruder, Hans Plach, arbeitete als Geodät an der Technischen Universität Wien und führte ab den späten 1970er-Jahren mit seinen Studenten in seinem Heimatort Grabungen und Vermessungen durch. Dabei entstanden Pläne über verschiedene unterirdische Räume der Gemeinde, darunter auch über die unter dem Landgasthof Haidl. Der traditionsreiche Familienbetrieb wird heute von Alexander und Eva Haidl geführt, auf die Gäste warten neben Waldviertler Schmankerln auch „Action und Entspannung".

Der Haidl-Keller beläuft sich auf eine beachtliche Gesamtlänge von knapp 80 Metern. Der Wassergang hat eine Länge von etwa 38 Metern, zusätzlich 18 Meter lang ist der südliche Stollenabschnitt, der seit einem Einsturz 1986 abgemauert, verfüllt und dadurch unzugänglich wurde. Vom mehrmals geknickten Gang führen zwei kurze und ein langer Seitenarm weg. Dieser und Teile des Hauptganges wurden geflutet, vermutlich bei der letzten Kellererweiterung, bei der man versehentlich die Südwand der Zisterne zerstört hat. Seitdem steht der tiefere Teil der Anlage 70 bis 100 cm unter Wasser.

Trotz zahlreicher Untersuchungen sind sowohl das Alter als auch der Verwendungszweck des Stollensystems reine Spekulation. Ähnlich wie bei

29

Helmut Plach in seinem kleinen Reich

Erdställen ist die Sinnhaftigkeit der Anlage nicht nachvollziehbar. Wahrscheinlich ist jedoch, dass man hier aufgrund der konstanten und kühlen Temperaturen zumindest in den vergangenen Jahrhunderten Nahrungsmittel und Getränke gelagert hat. Mehrere Theorien wurden über diese Unterwelt aufgestellt, unter anderem deshalb übt sie bis heute vor allem auf Forscher eine magische Anziehungskraft aus. Vor einigen Jahren kamen etwa ein Geometer und ein Bibliothekar aus Oberösterreich nach Thaya und waren so begeistert, dass sie vier Tage im Haidl-Keller verbrachten, um ihn zu vermessen. Zuletzt vertrat Wirtin Eva Haidl in der Zeitschrift *Das Waldviertel* die Ansicht, dass es sich dabei um einen Fluchtweg zur Kirche von Thaya gehandelt haben könnte.

Der Eingang befindet sich im Keller des Gasthauses Haidl, der bis vor kurzem als Waschküche fungiert hat. Die geflutete Grotte erinnert an eine natürlich geformte Wasserhöhle, obwohl sie von Menschenhand gebaut wurde. Um sie zu besichtigen, benötigt man eben ein Boot oder zumindest eine Wathose. Mittlerweile ist der Haidl-Keller vor allem dank des Engagements von Herrn Plach eine kleine Touristenattraktion geworden. Die Kehrseite: „Die Leute haben schon einige Tropfsteine abgebrochen. Außerdem hatten wir zu Beginn ein Schlauchboot, das die Damen aber mit ihren Stöckelschuhen ruiniert haben", beklagt er die Achtlosigkeit mancher Gäste. Trotzdem bringt er Wissbegierigen mit großer Freude das kleine unterirdische Reich nahe.

Info

Haidl-Keller, Bahnhofstraße 2, 3842 Thaya. Kellerbesichtigung nach Voranmeldung im **Gemeindeamt Thaya** 02842/52663 oder direkt im **Gasthaus Haidl** 02842/52668, *www.thaya.at*

DIE DUFTENDEN HALLEN DES JOHANNES GUTMANN

SONNENTOR, Sprögnitz

30

Ein Besuch des Betriebs gewährt Einblicke hinter die Kulissen des Waldviertler Vorzeigeunternehmens, das mit biologischer Landwirtschaft bereits 30 Jahre Erfolgsgeschichte schreibt.

Das Logo der Firma, die lachende Sonne, ist ein Symbol für Freiheit, Wachstum und Fruchtbarkeit. Es war der typische Halbkreis mit Strahlen, den man von Türen und Toren alter Bauernhäuser kennt, der den Waldviertler Bauernsohn Johannes Gutmann vor drei Jahrzehnten auf die Idee brachte, seinen Betrieb SONNENTOR zu nennen.

Der junge Mann hatte 1988 gerade sein Studium abgebrochen und keinen Job, aber eine Vision. Was wäre, wenn die Bauern für ihre Waren wieder fair bezahlt würden und man die Konsumenten davon überzeugen könnte, dass durch nachhaltigen Anbau auch qualitativ hochwertige Produkte erzeugt werden, die einen höheren Preis rechtfertigen?

Bei seiner Gründung war SONNENTOR ein Einmannbetrieb, der lediglich von drei Bauernhöfen beliefert wurde. Die Familien Bauer, Kainz und Zach, die noch heute für Gutmann arbeiten, waren als Biobauern in der damaligen Zeit noch Exoten. Sie bauten Gewürze und Kräuter ohne Chemie an und trockneten ihre Ernte am Hof, um die ätherischen Öle und damit einen besonders guten Geschmack zu erhalten. Gutmann kreierte damit seine ersten Tee- und Gewürzmischungen und verkaufte sie zunächst auf Märkten und in Bioläden. Als Betriebsstandort wählte er einen alten Bauernhof in der kleinen Waldviertler Gemeinde Sprögnitz. Heute arbeiten hier mehr als 320 Angestellte, die Zahl der zuliefernden Landwirte ist auf rund 300 gestiegen.

Nachhaltigkeit bis ins kleinste Detail

In Sprögnitz werden die Waren der Bauern kontrolliert, sortiert, ausgesiebt, nach Rezepten gemischt und verpackt. Nachhaltigkeit zieht sich wie ein roter Faden durch die duftenden Betriebshallen. Die Verpackung der Waren und die Teebeutel sind biologisch abbaubar, Mitarbeiter fahren zu ihren Terminen mit dafür eigens zur Verfügung gestellten Elektroautos, die Toiletten werden mit Regenwasser aus einer Zisterne gespült.

Arbeitsschritte, die längst von Maschinen ausgeführt werden könnten, erledigen die Angestellten noch immer manuell. Damit sichert man Jobs in der ohnehin strukturschwachen Region. Die mittlerweile etwa 900 verschiedenen SONNENTOR-Produkte landen nie in Supermarktregalen, sondern werden über den Fachhandel oder die eigenen (Online-)Shops vertrieben. Damit sind weder Bauern noch Mitarbeiter dem Preisdruck der großen Ketten ausgesetzt. Typisch für manche SONNENTOR-Tees ist einerseits die Blüte im Sichtfenster, ursprünglich eine Idee von Bäuerin Maria Zach, andere Sorten machen durch ihre ausgefallenen Namen auf sich aufmerksam. Die Heilkräutermischungen „Pipifein", „Vom Winde verweht" oder „Zwick Zwack" helfen bei bestimmten Beschwerden, die man aufgrund der Bezeichnung erahnen kann, laut Gesetz dürfen sie aber nicht als gesundheitsfördernd ausgewiesen werden.

Sonnige Erlebnisse

Das Waldviertler Unternehmen hat sich derweil auch zu einem beliebten Ausflugsziel mit bis zu 40.000 Besuchern jährlich gemausert. Neben drei Festen pro Jahr und täglich stattfindenden Führungen durch die Betriebshallen samt Teeverkostung wird ein umfangreiches Workshop- und Seminarprogramm angeboten, das den Teilnehmern Themen wie Wildkräuter, Naturkosmetik, Gartenpflege, Lehmbackofenbau oder Malen mit Naturfarben näherbringt. Im angeschlossenen Frei-Hof-Gelände, auf dem sich ein üppig bewachsener Permakultur-Garten befindet, werden Spezialführungen in punkto biologischer und lokaler Landwirtschaft abgehalten. Für das lukullische Wohl der Gäste sorgt das Gasthaus Leibspeis', in dem bio, saisonal und regional aufgekocht und die Speisen mit SONNENTOR-Gewürzen verfeinert werden. Seit Frühjahr 2018 gibt es am Gelände des Frei-Hofs auch Übernachtungsmöglichkeiten. Die beiden SONNENTOR-Land-Lofts „Anna Apfelminze" und „Hans Hagebutte", zwei Wohnwagons, die aus nachhaltigen und regionalen Materialien hergestellt sind, sollen den Kurzzeit-Bewohnern das autarke Leben in freier Natur ermöglichen.

Info

SONNENTOR Kräuterhandelsgesellschaft, 3910 Sprögnitz 10
www.sonnentor.com

Sonnentor-Gründer Johannes Gutmann

30

ENERGIE AUS STEIN

31

Kraftarena, Groß Gerungs

Rund um die Waldviertler Stadt Groß Gerungs findet sich eine außergewöhnlich hohe Dichte an Kraftplätzen, deren Wirkung zum Teil wissenschaftlich bestätigt wurde.

Nur ein paar Schritte, schon schlägt die Wünschelrute aus. Mal zeigt sie nach oben oder auf den feuchten Waldboden, mal dreht sie sich um die eigene Achse. „Hier sind überall Wasseradern", erklärt Naturvermittler Christian Hanny, während er gemächlich seine Kreise um die Steinpyramide zieht. Die Rute hält er waagrecht und mit etwas Abstand zu seinem Körper. Der rätselhafte Stufenkegel liegt in einer ruhigen Waldlichtung am rundlichen Gipfel des Steinberges, ist von einem Holzzaun umgeben und eine von fünf Steinformationen, die sich in verschieden langen Abständen sternförmig rund um die Waldviertler Stadt Groß Gerungs gruppieren. Dabei handelt es sich um Kraftplätze, die sich allesamt durch starke Energielinien auszeichnen und in ihrer Dichte außergewöhnlich sind.

Die sogenannte „Weltkugel" im Oberrosenauerwald etwa, ein 500 Tonnen schwerer Stein mit einem Durchmesser von sieben Metern, und der Kierlingstein nahe Wurmbrand, ein sechs Meter langes Naturdenkmal mit einer 40 cm tiefen Wasserschale, in der sich immer Wasser befinden soll, wurden im Juni 2003 von Wissenschaftlern des Instituts für Biosensorik und Bioenergetische Umweltforschung (IBBU) im steirischen Lieboch untersucht. Es wurde der Nachweis erbracht, dass bestimmte geomantische Punkte eine messbare Wirkung auf den Menschen haben. Dabei wurde beim Kierlingstein eine eindeutige Wirkung auf das vegetative Nervensystem und bei der „Weltkugel" eine starke Wirkung auf den Herz-Kreislauf-Meridian festgestellt.

Darüber hinaus befindet sich nordwestlich der Stadt der drei Meter hohe Opferstein mit einer der größten Schalen des Waldviertels. In der Nähe liegt ein tonnenschwerer „Summstein" mit einer Aushöhlung, in den man den Kopf stecken und die körpereigenen Töne in Körperschwingungen umwandeln kann. Ein weiteres Naturdenkmal befindet sich nahe der Klauskapelle. Der 24 Tonnen schwere Wackelstein ist bedauerlicherweise 2011 gekippt und liegt seitdem zerbrochen auf einer großen Felsformation. Um die Klauskapelle selbst rankt sich eine alte Sage: Wer ihre Glocke durch das

Die „Weltkugel"

Der Autor testet den Summstein.

„Wünschelrutengeher" Christian Hanny umkreist die Steinpyramide.

einmalige Ziehen des Seiles dreimal zum Läuten bringt, dessen Wunsch geht in Erfüllung.

Ausschlagende Wünschelruten

Die mysteriösen Steinformationen schuf die Natur, die knapp sieben Meter hohe Steinpyramide wurde jedoch von Menschenhand erbaut und ist in Mitteleuropa das bisher einzig bekannte Bauwerk dieser Art. Durch die Pyramide verlaufen, glaubt man den Fachleuten, sternförmig geomantisch positive Linien und rechtsdrehende Wasseradern, die belebend wirken und das Gebiet zu einem wahren Kraftplatz machen. Wer die Pyramide wann und warum erbaut hat, ist allerdings noch immer ein Mysterium. Vermutet wird, dass das Mauerwerk in Zusammenhang mit den früheren Freimaureraktivitäten von Leopold Christoph von Schallenberg auf Schloss Rosenau steht. Aufzeichnungen aus der damaligen Zeit gibt es jedoch keine. In den Karten der Josephinischen Landesaufnahme aus dem 18. Jh. sei an der Stelle der heutigen Steinpyramide jedenfalls schon ein Bauwerk eingezeichnet, erzählt Hanny. „Ich vergleiche die Kraftplätze gerne mit Batterien", sagt der Naturvermittler. „Man lädt an diesen Orten auf oder ab, je nach Energiefeld. Bei der Steinpyramide ist das Aufladen sehr intensiv, sie ist mein Lieblingsplatz." Hier zeigt er uns auch, wie man mit einer Wünschelrute umgeht. „Geht langsam und konzentriert euch auf einen Bachlauf", rät er uns. Während es bei einem von uns sofort funktioniert, dauert es bei dem anderen etwas länger. Die Wünschelrute ist eigentlich nur Werkzeug, um die unmittelbaren Körperreaktionen durch den Rutenausschlag sichtbar zu machen. Daher ist beim Rutengehen das Messinstrument der Mensch selbst. Die Erfahrung, die wir dabei machen mussten: Je mehr man den Kopf ausschaltet, desto besser das Ergebnis. Karten und Wünschelruten sind im Stadtamt von Groß Gerungs erhältlich, von den jeweiligen Parkplätzen beträgt die Entfernung zu den Kraftplätzen zwischen 450 m und 1,5 km Fußmarsch auf landschaftlich reizvollen Wanderwegen. Theoretisch kann man alle fünf Kraftplätze an einem Tag abklappern. Von einem derartigen „Marathon" rät Hanny jedoch ab. „Das ist nicht sinnvoll. Man soll die Natur genießen, runterkommen und in sich hineinspüren." Besser sei es, an jeweils einem Tag nur einen Kraftplatz zu besuchen.

Info

Kraftarena Groß Gerungs, Gemeindeamt der Stadt, Hauptplatz 18, 3920 Groß Gerungs, *www.gerungs.at*

DORF MIT HANFKOTTCHEN

Hanfdorf Reingers

32

Die alte Zier- und Kulturpflanze *Cannabis sativa* ist das Aushängeschild einer kleinen Gemeinde im nördlichen Waldviertel. High wird hier trotzdem niemand.

Als sich die Flagge senkt, steigen die Traktorfahrer auf die Gaspedale ihrer seriennahen oder getunten Gefährte. Angefeuert von mehreren tausend Zuschauern brummen sie durch den mit Strohballen begrenzten Parcours über die nahegelegenen Wiesen und Feldwege.
Einmal im Jahr, an einem Wochenende im August, geht im sonst so verschlafenen 650-Einwohner-Dorf Reingers im nördlichen Waldviertel so richtig die Post ab. Zu diesem Zeitpunkt findet hier Niederösterreichs größte Motorsportveranstaltung statt: Über 70 Traktoren aus dem In- und Ausland fahren bei der Internationalen Oldtimertraktoren-Langstrecken-WM 24 Stunden lang um die Wette. Wer die meisten Runden innerhalb dieser Zeit in der jeweiligen Klasse gefahren ist, darf sich Traktorweltmeister nennen und bekommt als Preis das „Goldene Hanfblatt" überreicht. Denn in Reingers dreht sich an diesem Wochenende zwar alles um Traktoren, den Rest des Jahres widmet sich das Dorf jedoch der vielfältigen Pflanze *Cannabis sativa.*

Hanf und Vorurteil

„Nein, außer einem Pokal gibt es bei unserer Traktor-WM nichts zu gewinnen", sagt Astrid Pleha und lacht. Die Fahrer sind trotzdem mit viel Leidenschaft dabei, und das Publikum liebt die Veranstaltung. Das Rennen ist ein Riesenspektakel."
Heute ist es dagegen ruhig in Reingers. Es regnet und der Badeplatz ist leer. Nur ein beherzter Angler sitzt am Mühlteich und versucht sein Glück. Im Lokal des Freizeitzentrums ist es trocken, die Kellnerin serviert Hanfsirup gespritzt. Wir bestellen noch eine Hanfbratwurst mit Hanfbrot und einen Hanfburger mit Pommes dazu. „Früher hat man in dieser Region viel Flachs und Hanf angebaut", erzählt Pleha. Sie trägt einen grünen Sweater mit einem Hanfblatt als Logo. Es ist ihre Arbeitsbekleidung. Seit 15 Jahren kümmert sich die ehemalige Verkäuferin um die Hanfausstellung, den angeschlossenen Hanf-Shop und den Campingplatz, dessen Betriebsgebäude

einer „Hoarstubn" nachempfunden wurde. In diesen Stuben wurden früher die Fasern getrocknet und verarbeitet.
Pleha wird auf der Gemeindewebseite liebevoll als „Hanftante" bezeichnet. Der ehemalige Bürgermeister hat vor vielen Jahren seinen Plan, die Gemeinde als Hanfdorf zu deklarieren, in die Tat umgesetzt. Seitdem steht die alte Kultur- und Zierpflanze in Reingers im Fokus, die von vielen aus Unwissenheit auf ein Rauschmittel reduziert wird. Zu Unrecht, wie Pleha findet. „Aus und mit Hanf kann man rund 50.000 verschiedene Produkte herstellen. Das möchten wir vermitteln." In der Tat, Hanf wird unter anderem in der Auto-, Kosmetik- und Bekleidungsindustrie sowie zum Dämmen eingesetzt und findet Anwendung als Arzneimittel oder als Zutat in Lebensmitteln. In der Ausstellung erfahren Besucher nicht nur Wissenswertes rund um das Thema, sondern dürfen auch Hanfsamen oder Hanföl verkosten. Im Shop gibt es von Hanfschokolade bis zur Hanfhautcreme jede Menge themenspezifischer Mitbringsel zu erstehen. In das große Schau-Hanffeld neben dem Campingplatz wird ein Labyrinth geschnitten, sobald die Pflanzen hoch genug sind, zur Freude von Groß und Klein. Zudem führt ein Hanflehrpfad durch das Dorf.

Kiffers Frust

Selbstverständlich wird in Reingers lediglich Nutzhanf angebaut, der nur ganz geringe Mengen THC enthält und somit völlig legal ist. Laut der Berechnung eines Experten müsste man 72 Kilo von diesen Pflanzen rauchen, um eine berauschende Wirkung zu erzielen. Vor einigen Jahren kamen Burschen ins Dorf und fragten Pleha, ob sie denn ein paar Hanfpflanzen mitnehmen dürfen. Sie gab die Erlaubnis und erfuhr am nächsten Tag von Campern, dass die jungen Männer vier große Müllsäcke mit Pflanzen ins Auto geladen hätten. „Die dachten, sie machen das Geschäft ihres Lebens", sagt die „Hanftante" lachend. Dumme Sprüche sind die Reingers auch gewohnt. „Ihr seid doch alle bekifft", heißt es dann. Pleha nimmt das locker. Nur einmal verlor sie leicht die Fassung. Das war, nachdem sie dem Reporter einer großen Tageszeitung ein Interview gegeben hatte. Als sie am nächsten Tag die Zeitung aufschlug, lautete der Titel „Cannabis-City". „Zuerst war ich geschockt", erinnert sie sich. „Aber so viel Besucher wie nach dem Artikel hatten wir noch nie. Ein paar Tage danach kam sogar das Fernsehen und drehte einen Beitrag über uns."

Info

Hanfdorf Reingers, 3863 Reingers 92, *www.hanfdorf.at*

Hanf ist vielfältig einsetzbar.

Bei der Traktor-WM geht die Post ab.

32

„Hanftante" Astrid Pleha

Hanffaser

33 AUF TUCHFÜHLUNG MIT DER KRAFT DES WASSERS

Besucherkraftwerk Ybbs-Persenbeug

Ein Erlebnis-Rundgang durch das älteste Donaukraftwerk Österreichs gewährt Einblicke in die enormen technischen Fortschritte der letzten Jahrzehnte.

Auf der Donau herrscht reger Betrieb. Nach kurzer Wartezeit beobachten wir aus der Vogelperspektive, wie sich ein Passagierschiff, ein kleines Frachtschiff und zwei Sportboote nähern. Vermutlich nehmen sie gerade per Funk Kontakt mit dem Mitarbeiter auf, der in der Schleusenaufsicht, der sogenannten B-Stelle, sitzt. Er wird ihnen die Erlaubnis zum Passieren erteilen und anschließend die Hydraulik aktivieren, um das 100 Tonnen schwere Stemmtor in Bewegung zu setzen.
„Im Juli und August haben wir an einem Tag bis zu 70 Schleusenvorgänge, wobei ein Vorgang mehrere Schiffe inkludiert", erklärt Bernadette Weiss. „Im Winter gibt es nur halb so viele." Seit mehr als zehn Jahren begleiten die hauptberufliche Lehrerin und ihre Kollegen vom Betreiberverein – Donaukraftwerksführungen Ybbs-Persenbeug Interessierte durch das Besucherkraftwerk. Die Besichtigung der Schleusenanlage kann als besonderes Schmankerl dazugebucht werden. Insgesamt zehn solcher Anlagen gibt es auf dem österreichischen Donauabschnitt, pro Jahr werden rund 100.000 Schiffe geschleust. „Ybbs-Persenbeug ist kein zufälliger Standort. Der Strudengau war eine gefährliche Engstelle, es gab früher viele Schiffsunglücke", sagt Weiss. „Die Hindernisse konnten durch den Kraftwerksbau entschärft werden."
Inzwischen fahren die Schiffe in die Schleuse ein, das Tor schließt sich hinter ihnen. Jetzt wird die Kammer geflutet, der Wasserspiegel hebt sich etwa elf Meter, bis er das Niveau des Oberwassers erreicht. Wenn die Ampel auf Grün schaltet, öffnet sich das obere Tor und die Weiterfahrt ist möglich.
Ybbs-Persenbeug ist das älteste Donaukraftwerk Österreichs und gilt als Symbol für den Fortschritt der Technik und des Wiederaufbaus nach dem Zweiten Weltkrieg. Pläne für die Anlage gab es bereits in den 1920er-Jahren, während des Krieges kam es zu ersten Vorarbeiten. Nach mehreren Unterbrechungen und etlichen Projektvarianten wurde der Bau 1954 fortge-

Wohnzimmer im Stil der 1950er-Jahre

Die Maschinenhalle

setzt. 1957 konnte bereits Strom produziert werden, 1959 war es komplett fertiggestellt. Jahrzehntelang war die Anlage mit ihren sechs Turbinen das mit Abstand leistungsstärkste Kraftwerk des Landes. Mitte der 1990er-Jahre wurde eine siebte Turbine eingebaut, seitdem produziert es 1,3 Millionen Kilowattstunden Strom pro Jahr.

Das Hirn und das Herz

Im Inneren des Kraftwerks referiert Bernadette Weiss über Geschichte und Technik, zeigt Modelle und Filme und erklärt mit Hilfe von Simulatoren, wie Strom erzeugt wird. Speziell für Kinder wurden interaktive Stationen geschaffen, damit sie die Entstehung von Strom auf spielerische Art und Weise entdecken und begreifen können.

Während wir ihr durch die Gänge der weitläufigen Anlage folgen, begegnen wir keinem einzigen Menschen. Auch die Schaltwarte, das Hirn des Kraftwerks, ist wie leergefegt. „Es gibt noch 25 Mitarbeiter auf diesem Standort, bei Inbetriebnahme waren es fast 400. Es wurde sehr viel automatisiert", sagt unsere Begleiterin. Das Schaltpult ist seit 2011 verwaist, damals hat man die digitale Kontrollanlage vor Ort durch eine Fernsteuerung ersetzt. „Früher

Verwaiste Schaltwarte

gab es drei Schichtdienste, die die Maschinen von hier aus überwachten, heute wird alles von Wien-Freudenau aus digital ferngesteuert", erzählt Weiss. Ist, oder besser, war die Schaltwarte das Hirn der Anlage, so befindet sich das Herz in den Maschinenhallen. In keinem anderen Donaukraftwerk kommt man so nahe an dieses Herzstück heran. Hier drehen sich 12 Meter unter den mächtigen roten Turbinenabdeckungen die Laufräder in der Donau und erzeugen die erwähnten 1,3 Millionen Kilowattstunden Strom pro Jahr.
Mithilfe eines Wohnzimmers im Stil der 1950er-Jahre wird der massive Anstieg des Stromverbrauchs vermittelt. „Radio, Bügeleisen und Lampen besaß nahezu jeder Haushalt, zum Fernsehen hat man sich meist noch im Wirtshaus getroffen", sagt Weiss. „Als das Kraftwerk gebaut wurde, war es fraglich, wozu man so viel Strom brauchen wird." In seinen Anfangsjahren konnte man von Ybbs-Persenbeug aus ganz Österreich mit Strom versorgen, heute reicht die gewonnene Energie für die Hälfte der Privathaushalte von Wien, trotz enormer Steigerung der Effizienz. Doch seit den 1950ern hat sich der Energieverbrauch etwa versechsfacht, und nachhaltige Stromerzeugung durch Wasserkraft wird in naher Zukunft nicht an Bedeutung verlieren.

Info

Betreiberverein – Donaukraftwerksführungen Ybbs-Persenbeug
Donaudorfstraße 2, 3370 Ybbs an der Donau
www.kraftwerksfuehrungen.at

34 EISEN IM FEUER

Schmiedezentrum, Ybbsitz

Die Mostviertler Gemeinde hat ihre jahrhundertealte Handwerkstradition revitalisiert und ist mittlerweile ein europäisches Zentrum für Schmiedekultur.

Franz Hofinger nimmt die glühende Eisenstange aus dem Feuer, legt sie auf den Amboss und bearbeitet sie treffsicher mit dem Hammer. Nach zwei Minuten hält er einen fertigen Nagel in der Hand. „Das ist das Erstlingswerk bei meinen Kursen. Nach einer Stunde schafft es jeder, einen Nagel zu schmieden." Hofinger hat 46 Jahre lang bei einer ortsansässigen Firma als Schmied gearbeitet. Seit er in Pension ist, unterrichtet er seine Fertigkeiten bei Workshops im Fahrngruber Hammer, einer Werkstatt aus dem 16. Jahrhundert. „Das ist eine der ältesten Schmieden in Ybbsitz, sie war bis 1987 durchgängig in Betrieb. Anfang der 1990er-Jahre hat die Gemeinde das Gebäude gepachtet und als Museum umgewidmet."

Das alte Handwerk hat in der Mostviertler Gemeinde Ybbsitz seit Jahrhunderten Tradition. Bereits Ende des 15. Jahrhunderts arbeitete ein Großteil der hiesigen Bevölkerung in Hammerwerken, hundert Jahre später war Ybbsitz eine bedeutende Produktionsstätte für Werkzeug, 9.000 Zentner Eisen und 700 Zentner Stahl wurden hier jedes Jahr verarbeitet, hauptsächlich zu Hacken und verschiedensten Werkzeugen. Mitte des 19. Jahrhunderts waren noch immer über 500 Schmiede und mehr als 300 Gesellen tätig.

„Heute stehen in Ybbsitz fünf bis sechs Schmiede jeden Tag am Amboss", erzählt Bürgermeister Josef Hofmarcher. „Zusätzlich sind bis zu 70 Einheimische in das Handwerk involviert. Sie betreiben es als Hobby, organisieren Kurse und Veranstaltungen oder schreiben Presseartikel." Ybbsitz verzeichnet die größte Schmiededichte pro Kopf in ganz Österreich. Dieser Umstand hat seinen Ursprung in der Aktion „Dorferneuerung", die 1985 ihren Anfang nahm. „Damals haben wir begonnen, die Schmiedebetriebe wieder zu beleben. Bis auf zwei Betriebe hatten alle schon zugesperrt", so der Bürgermeister.

Die Gemeinde revitalisierte zunächst alte Werkstätten. Nach und nach kamen auch Schmiede von außerhalb und richteten sich ihre Hammerwerke ein. Themenbezogene Veranstaltungen wurden ins Leben gerufen, etwa

Hammerwerk Eybl

Sepp Eybl an seinem Amboss

Der gelernte Schmied Franz Hofinger

Die jahrhundertealte Werkstatt Fahrngruber Hammer

die jährliche Ybbsitzer Schmiedeweihnacht, der Messermarkt oder das alle zwei Jahre stattfindende internationale Schmiedetreffen *Ferraculum.* Im Ort verstreut findet man Objekte, die dabei entstanden sind, wie etwa das *Panta Rhei* neben dem Rathaus, eine überdimensionale Sanduhr, an der über 20 Schmiede aus ganz Europa mitgearbeitet haben. Zudem wurde das „Schwarze Haus", ein wunderschönes Hammerherrenhaus, restauriert und dient wie eh und je als Herberge für Schmiede auf der Durchreise. Es liegt ebenso an der drei Kilometer langen Schmiedemeile, wie dessen Herzstück, das 2006 eröffnete Erlebnismuseum *FeRRUM – welt des eisens,* das die Faszination der Eisenverarbeitung in kurzweiliger, eindrucksvoller Art präsentiert. 2010 wurde „Schmieden in Ybbsitz" schließlich in das Verzeichnis „Immaterielles Kulturerbe der UNESCO" aufgenommen.

Die Umsetzung mancher zum Teil aufwendiger Initiativen verdankt Ybbsitz vor allem Waltraud Welser. Die gebürtige Deutsche, die 1947 in ein Ybbsitzer Unternehmen eingeheiratet hat, förderte stets das Anliegen, Ybbsitz als Schmiedezentrum zu etablieren. Die Mäzenin, die in der Region liebevoll
120 „Schwarze Gräfin" genannt wird, verstarb 2018.

350 Hämmer und 500 Jahre alte Maschinen

„Ein Jahr lang haben wir zu zweit an der Brücke gearbeitet, nur beim Aufbau half uns ein Lastenkran. Die Bauteile wogen immerhin siebeneinhalb

Tonnen", erinnert sich Sepp Eybl. Gemeinsam mit seinem Kollegen Franz „Joe" Wahler entwickelte und errichtete er 1996 die Erlebnisbrücke beim Nothberg, die seitdem steil Richtung Tal über den Prollingbach führt und den Blick auf ein rekonstruiertes Schleifengebäude freigibt. Mit dem Projekt gewannen sie den niederösterreichischen Baukulturpreis „Goldene Kelle" und schufen ein Ybbsitzer Wahrzeichen. Die spektakuläre Brücke befindet sich wenige Gehminuten hinter Eybls Hammerwerk, einer rund 600 Jahre alten Schmiede. Die Restauration des Gebäudes mit seinen originalen Hämmern, Essen und Werkzeugen war ein ambitioniertes Projekt, doch der Aufwand hat sich gelohnt. Betritt man das schmucke Haus mit den roten Fenstern und Türen, fühlt man sich um Jahrhunderte zurückversetzt. Hier verformt Eybl glühendes Eisen und kreiert Werkstücke nach seinen Vorstellungen. „Meine ältesten Maschinen, sogenannte Schwanzhämmer, sind die ersten Schmiedemaschinen überhaupt und 500 Jahre alt, und ich verwende sie noch immer", sagt er stolz. Bei der Frage, wie viele Hämmer er besitzt, muss er überlegen. „Vielleicht 350", schätzt er.

Eybl hat mit rund 40 Jahren begonnen, Objekte aus Metall zu schaffen. Irgendwann hat es ihn nach Ybbsitz verschlagen, wo er viele Lehrmeister fand. Heute gibt er sein Wissen in Form von Schmiede-Workshops weiter, zeigt bei Schauschmiede-Vorführungen sein Können und übernimmt Auftragsarbeiten. Sein letztes Projekt, das er gemeinsam mit einem Freund fertiggestellt hat, war etwa eine Brunnenabdeckung wie aus der Renaissance. „Dabei habe ich viel gelernt. Man fragt sich oft, wie die Leute das damals gemacht haben."

Tatsächlich gibt es über viele Arbeitsschritte von damals keine Aufzeichnungen. Während der moderne Mensch bei Bedarf einen Kurs bucht, wurde das komplette handwerkliche Wissen früher oft nur vom Vater auf den Sohn weitergegeben, die Gesellen verrichteten lediglich Hilfsarbeiten. Um die Existenzgrundlage der Familie zu erhalten, behielt der Schmied seine Eisen im eigenen Feuer.

Info

Tourismusbüro FeRRUM Ybbsitz, Markt 24, 3341 Ybbsitz
schmieden-ybbsitz.at
Hammerwerk Eybl, In der Noth 49, 3341 Ybbsitz
eyblhammer.at

SCHMALSPURJUWELEN

35

Von St. Pölten bis Mariazell

Auf den verbliebenen Schmalspurstrecken ist der nostalgische Weg das Ziel. Die älteste elektrische Schmalspurbahn der Welt verkehrt zwischen Niederösterreich und der Steiermark.

Steil abstürzende Schluchten, dichte Wälder und zerklüftete Felsen ziehen abwechselnd am Fenster vorbei. Die Rundbögen der Viadukte umrahmen Ausschnitte der Landschaft wie ein Passepartout. Wanderer spazieren vorbei an Stauseen und durch gelbgetupfte Wiesen. Unterbrochen wird die reizvolle Aussicht nur, wenn ein Tunnel die Bahn für einen kurzen Moment schluckt. Die Fahrt entschleunigt, fühlt sich ein bisschen an wie Sommerfrische. „Noch schöner ist es im Winter. Dann ist die ganze Bergstrecke weiß, nur die Gleise zeichnen eine Spur durch den Schnee", erzählt der Schaffner.

Die Mariazellerbahn ist die längste Schmalspurbahn Österreichs und mit ihren mehr als 100 Jahren die älteste elektrische Schmalspurbahn der Welt. Ihre Schienenbreite beträgt 760 mm, sie fährt durch 21 Tunnel und überquert 19 Viadukte. Die meisten der 26 Haltestellen sind heute lediglich Bedarfshaltestellen, die hauptsächlich von Ausflüglern genutzt werden. Seit ein paar Jahren legt ein moderner Niederflurwagen, die *Himmelstreppe,* die 84 Kilometer mehrmals täglich zwischen St. Pölten und Mariazell zurück und passiert dabei das reizvolle Pielachtal und die beeindruckenden Ötschergräben. An Wochenenden und Feiertagen im Sommer und im Advent wird auch eine historische Dampflok und die über hundert Jahre alte Ötscherbärgarnitur für die Strecke eingesetzt. Der Bahnhof Laubenbachmühle, wo sich auch das Betriebszentrum befindet, trennt die Tal- und die Bergstrecke der Mariazellerbahn. Hier endet die sanfte Hügellandschaft, und die Bahn schnauft sich auf einer kühnen Linienführung nach oben, bis sie im Gösingtunnel auf 891,6 m den höchsten Punkt ihrer Strecke erreicht. Einst für den ganz normalen Personenverkehr errichtet, wurde die Bahn rasch ein begehrtes Transportmittel für Pilger, die es in den steirischen Wallfahrtsort mit der beeindruckenden Basilika zog.

Andernorts auf historischen Schienen durch reizvolle Landschaften

Schmalspurbahnen passen sich besser dem Gelände an als Normalspurbahnen und wurden deshalb gerne zur Erschließung von gebirgigen Gebie-

35

Die Basilika von Mariazell

Der moderne Niederflurwagen „Himmelstreppe“

ten eingesetzt. In Österreich gehörten die meisten Schmalspurbahnen früher den ÖBB, mittlerweile wurden diese Strecken jedoch stillgelegt oder in für den Tourismus interessanten Regionen privatisiert. In Niederösterreich sind neben der Mariazellerbahn auch noch die Waldviertelbahn, die auf Schienen von anno dazumal das nordwestliche Waldviertel erschließt, der Reblaus Express, der zwischen Retz und Drosendorf durch eine herrliche Weingärtenlandschaft fährt, oder die längste Museumsbahn Österreichs, der Ötscherland-Express, im Einsatz. Zwischen Kienberg-Gaming, Lunz am See und Göstling an der Ybbs tuckert er mit lediglich 25 km/h eine historische Bergstrecke entlang und wird von einer 100 Jahre alten Dampflok oder einer 80-jährigen Diesellok gezogen.

Info

www.mariazellerbahn.at
www.waldviertelbahn.at
www.reblausexpress.at
www.lokalbahnen.at/bergstrecke

WANDERN MIT PFEFFER

Naturpark Ötscher-Tormäuer, Wienerbruck

36

Der Entstehung des Naturparks wurde in den 1970er-Jahren durch einen verhinderten Kraftwerksbau ermöglicht. Die Ötschergräben danken es mit kristallklarem Wasser, tiefen Schluchten, tosenden Wasserfällen und so manchem Funkloch.

Bereits seit 1911 treibt das Wasser der Flüsse Erlauf und Lassing die Turbinen im Kraftwerk Wienerbruck an und wird in den Stauseen Erlaufklause und Wienerbruck, der am Eingang zur Lassingschlucht liegt, gespeichert. „Sehr aufregend schaut der See nicht aus, aber immerhin ist das hier die erste Staumauer Österreichs", erklärt Naturvermittler Heribert Pfeffer im breiten Mostviertler Dialekt. Er steht mit uns am Eingang zu den Ötschergräben und stützt sich auf seinen „Jagastecka", einen Bergstock aus Holz. Dabei strahlt er diese Gelassenheit und Ruhe aus, die sich Menschen aneignen, wenn sie lange genug mit der Natur im Einklang leben. Nur eines regt ihn ziemlich auf. Die Bezeichnung *Grand Canyon Österreichs,* die sich wohl irgendwann ein findiger Marketingstratege für die Ötschergräben ausgedacht hat. „Die Menschen werden durch diese ständigen Superlative nur abgestumpft, ständig wird die Dosis erhöht. Alles ist unbeschreiblich oder fantastisch", murrt er. „Es liegt an jedem selbst, ob er die Schönheit der Natur genießen kann."

Heribert ist in dieser Region aufgewachsen, hat als Berufsjäger und Holzknecht gearbeitet und bewirtschaftet gemeinsam mit seiner Frau eine Alm, auf der er seine „Viecha" betreut. 2015 hat er im Zuge der Landesausstellung ganze 239! Wanderungen, Naturrundgänge und Führungen in der Region absolviert. Das war ihm dann doch ein bisschen zu viel des Guten. „Da wirst ja deppert. Davor hatte ich ein fotografisches Gedächtnis, besonders bei Menschen. Nach diesen vielen Touren konnte ich mir keine Gesichter mehr merken", sagt er. Seine Philosophie beim Wandern ist ruhiges Gehen, bis man in eine Art meditativen Zustand verfällt. „Vielen gelingt es, aber nicht allen. Ich habe schon Leute in die Ötschergräben begleitet, die nervös wurden, nur weil sie eine halbe Stunde keinen Handyempfang hatten." Er selbst lebt nach dem Lehrsatz: „Wer rennt, sieht nichts!"

Paradies mit Einsiedler

Der Naturpark Ötscher-Tormäuer bietet zahlreiche Wanderwege. Entstanden ist er nach einem gescheiterten Kraftwerksprojekt Anfang der 1970er-Jahre. Proteste der Bevölkerung verhinderten damals die geplante Aufstauung der Erlauf. Unsere Route wird uns heute vom Naturparkzentrum Ötscher-Basis zum nahen Stausee Wienerbruck vorbei am Lassingfall entlang des Ötscherbaches bis zum Mirafall führen. Entlang der Lassing gelangt man nach etwa 45 Minuten zum Speicherkraftwerk Wienerbruck, ein für einen Zweckbau erstaunlich schönes Gebäude mit einer Außenfassade aus Naturstein. Errichtet wurde es in den Jahren 1907–1911, um die Mariazellerbahn elektrifizieren zu können. Auch die Personalwohnungen befinden sich in der Anlage, die meisten stehen jedoch mittlerweile leer. Aufgrund der fortschreitenden Technik ist heute nur noch ein Mitarbeiter nötig, der mit seiner Familie seit 1989 in dieser wunderschönen Einöde lebt, zu der nicht einmal eine Straße führt. Die Einheimischen nennen den Mann angeblich „den Einsiedler von Wienerbruck". Das Kraftwerk wird häufig von Wanderern besichtigt, auf der Galerie in der Maschinenhalle wird eine kleine themenspezifische Ausstellung präsentiert. Besonders sehenswert sind die Marmorschalttafel und zwei Maschinensätze, die noch im Originalzustand erhalten sind. Englische Begriffe waren damals noch nicht in Mode, einige Hebel sind etwa mit *Eigen-Erregung* bzw. *Fremd-Erregung* beschriftet, was immer das bedeuten mag. *On* und *Off* hieß damals schlicht *Eingeschaltet* und *Ausgeschaltet.*
Weiter geht es längs des Ötscherbaches, in dem sich Badende im eiskalten Wasser erfrischen. Links und rechts von uns ragen Felswände in die Höhe, immer wieder passieren wir kleine Wasserfälle. Gesicherte Steige begleiten uns die ganze Zeit, trotzdem ist festes Schuhwerk unbedingt nötig. Das Ziel unserer Wanderung ist der Mirafall, dessen Wasser geschätzte 60 Meter in die Tiefe stürzt. Hier füllen wir unsere Trinkflaschen und genießen den kühlenden Sprühnebel. Am Rückweg kehren wir in die urige Jausenstation *Ötscherhias* ein und trinken gespritzten Birnenmost. Danach wird es noch einmal richtig anstrengend, zumindest für ungeübte Wanderer. Es geht steil bergauf zur Mariazellerbahn-Station „Erlaufklause". Von dort fahren wir eine Station zurück zum Naturparkzentrum. Heribert Pfeffer hatte Recht. Weder ist Unbeschreibliches noch Fantastisches passiert, wir fühlen uns schlicht und einfach sehr wohl in unserer Haut. Und das ist völlig ausreichend.

Kleinod der Volkskunst in Josefsberg

Ein Abstecher mit unserem Naturvermittler führt uns noch nach Josefsberg, in die höchstgelegene Pfarre Niederösterreichs. Rund um das Jahr 1830 hat

Unterwegs mit Naturvermittler Heribert Pfeffer

Jausenstation Ötscherhias

Besondere Funde in der Josefskirche

Gemälde aus dem Zyklus „Brennholz für Wien“

der damalige Gemeindepfarrer Chrysostomos Sandweger im Speisesaal des Pfarrhauses der Josefskirche eine ganz besondere Form der Volkskunst geschaffen. Er malte einen Zyklus an die Wand, den er mit „Brennholz für Wien“ betitelte. Die Seccomalereien zeigen Holzknechte im Ötscher-Urwald bei ihrer harten Arbeit im Lauf der Jahreszeiten. Sandweger setzte ihnen damit ein seltenes Denkmal. Immer wieder kämen Wissenschaftler, um die Wandmalereien zu begutachten, erzählt Heribert. „Diese Bilder sind eine Rarität. Normalerweise wurde damals nur die Obrigkeit dargestellt, Könige, Heilige oder Bischöfe. Der Pfarrer hat hingegen den Alltag einfacher Leute verewigt.“ Er ist überzeugt, dass diese Fresken ungeeignet für Touristengruppen sind. „Aber Menschen, die sich für Alltagsgeschichte interessieren, werden sie lieben.“

Info

Naturparkzentrum Ötscher-Basis, Langseitenrotte 140, 3223 Wienerbruck. Verschiedenste geführte Touren werden angeboten, etwa Morgen- oder Nachtwanderungen oder Touren mit integriertem Jodelkurs. *www.naturpark-oetscher.at*

Freskenbesichtigung Pfarrhof Josefsberg, 3224 Josefsberg. Voranmeldung unter Tel .+43 (0) 2728 231

WO DER BARTEL AUS DEM VOLLEN SCHÖPFT

37

MostBirnHaus, Ardagger Stift

Das Einstiegsportal zur Moststraße bietet eine Erlebniswelt rund um die Birne und eine riesige Auswahl an hochwertigen regionalen Produkten.

Rund 300.000 Birnenbäume blühen jedes Jahr in der zweiten Aprilhälfte im Mostviertel und liefern bis zu 400 verschiedene Mostbirnensorten. Etwa 200 km schlängelt sich die Moststraße durch ein Gebiet von 30 Gemeinden über sanft gewellte Hügel, in dem das Obstpressen schon lange Tradition hat. Der Siegeszug der Mostbirne begann im 18. Jahrhundert. Damals verordnete Kaiserin Maria Theresia das Stecken von Streuobstbäumen, ihr Sohn und Nachfolger Joseph II. belohnte Bauern gar mit Medaillen, wenn sie mehr als 100 Obstbäume anpflanzten. Gegen Ende des 19. Jahrhunderts wurde der Most zum bevorzugten Getränk der Arbeiterschicht, da er billiger als Wein und Bier war. Der Mosthandel entwickelte sich zur Wohlstandslokomotive einer ganzen Region und ermöglichte den Bauern, ihre Höfe zu robusten Vierkantern auszubauen. In der Zeit nach dem Zweiten Weltkrieg folgte ein Einbruch des Mosthandels, der seit einigen Jahren dank der Herstellung und Vermarktung hochwertiger und innovativer Produkte wieder eine Renaissance erlebt (s. S. 132 ff.).
Rund um den vergorenen Birnensaft hat sich eine Vielzahl von Festen und Bräuchen entwickelt, die die Mostviertler noch immer zelebrieren. Mostkirtage, Mosttaufen und Mostwallfahrten werden veranstaltet, Mostprinzessinnen gewählt und Rituale gepflegt. So prostet sich der gelernte Mostviertler beim Mosttrinken nicht zu, sondern wünscht seinem Gegenüber „G'sundheit!", die Etikette verlangt die Antwort: „Sollst leben!"

Die Drehscheibe der Moststraße

Das Zentrum der Moststraße ist das *MostBirnHaus* in Stift Ardagger, in dem sich alles um das Leitgetränk der Region und um die Birne dreht. In einem alten adaptierten Stadel wurden 2007 im Zuge der Landesausstellung ein Informationszentrum und eine Erlebniswelt rund um die Mostbirne errichtet. Das Projekt wird bis heute von privaten Initiatoren erhalten und laufend weiterentwickelt, eine davon ist MostBirnHaus-Geschäftsführerin Michaela Schmutz. „Unsere Erlebniswelt ist für Zweijährige genauso geeignet wie für 99-Jährige", sagt sie. „Jeder kann sich aussuchen, was ihn interessiert und was ihm Spaß macht." Eine Besonderheit sei die wohl größte Mostauswahl des Landes. „In Spitzenzeiten kann man bei uns mindestens 50, manchmal bis zu 80 verschiedene Mostsorten verkosten, dazu kommen noch etwa 20 Saft- und 20 Essigsorten."

Die Geschmacktests werden in der Spezerei, dem Shop im MostBirnHaus vorgenommen. Dort findet man auf 200 m^2 Verkaufsfläche eine Vielzahl von kulinarischen Schmankerln regionaler Produzenten. Die Auswahl reicht von Schokolade bis Chutney, von Dörrobst bis Speck, von Bränden bis Marmelade und auch sehr Speziellem wie Mostnudeln oder Birnen-Apfelsenf.

Durch einen Vorhang hindurch entschwinden die Besucher in die angeschlossene Erlebniswelt „Birnenleben", die mit Hilfe multimedialer Spiele neben Informationen auf Unterhaltung setzt. Der Werdegang der Birne von der Blüte bis zum fertigen Produkt wird hier ebenso anhand von Filmen und Informationstafeln erklärt wie verschiedene Arbeitsabläufe, die man zudem selbst ausprobieren kann. Wir schütteln an überdimensional großen Birnen, pressen Saft und klauben mit Hilfe von Sensoren Birnen um die Wette. Je nach Spiel gewinnt der Schnellste, der Geschickteste oder der, der am meisten Kraft investiert. Denn dank digitaler Reguliermöglichkeiten macht es auch Sinn, wenn etwa Kinder gegen Erwachsene antreten.

Das MostBirnHaus wächst Stück für Stück, vor kurzem ist das *God'n Haus* (Haus der Patin, Anm.) dazugekommen, in dem Gruppen ein Mittagessen buchen können.

2017 wurde erstmalig an bestimmten Tagen eine Sortenbestimmung durch Experten angeboten. „Wir haben 1.000 Proben von Äpfeln und Birnen bekommen", erzählt Schmutz. „Das Wissen um viele alte Sorten ist verloren gegangen, da möchten wir gegensteuern. Die gewonnenen Daten veröffentlichen wir in Büchern." Bauern mit 40 Hektar Anbaufläche seien genauso gekommen wie auch Hobbygärtner mit gerade einmal zwei Obstbäumen. „Die Aktion war so erfolgreich, dass wir sie wiederholen werden."

Info

MostBirnHaus, Stift 14, 3321 Ardagger Stift
www.mostbirnhaus.at

Most-Schmankerl in der Spezerei

MostBirnHaus

37

Selbst beim Kreisverkehr dreht sich alles um die Mostbirne.

VON MOSTKULTUR UND BIRNENADEL

38

Verein Mostbarone und Farthofers Mostelleria, Öhling

Seit 2003 arbeitet die Vereinigung der Mostbarone an der Förderung der Mostkultur. Ein von ihr kreierter Wodka wurde 2012 zum besten der Welt gekürt.

„Ich gelobe, als Mostbaron, die Mostkultur stets hochzuhalten und mich den strengen Regeln der Mostbaron-Tafelrunde zu unterwerfen. Ich gelobe, die Mostkultur meiner Heimat immer zu pflegen, zu fördern und zu verbreiten, solange ich lebe. Lang lebe die Mostkultur!"
Dieser Schwur ist das Bindeglied der rund 20 Mostbarone, die sich erstmals 2003 zu einer Tafelrunde zusammenfanden. Seitdem setzen sich die Landwirte gemeinsam für eine bessere Vermarktung des vergorenen Birnensaftes ein. Der Name „Mostbaron" leitet sich aus dem Volksmund ab und bezeichnete in der Region jene Bauern, die sich erfolgreich der Mostwirtschaft verschrieben hatten. Nach dem Zweiten Weltkrieg lange Zeit als Armeleute-Getränk abgestempelt, feierte der Most in den letzten Jahren vor allem auch dank des „Birnenadels" ein Comeback (s. S. 129 ff.). Die Barone erzeugen Gutes und reden darüber. Den speziellen Most, den sie gemeinsam erzeugen, lassen sie alljährlich rund um den Josefitag im März während einer Wallfahrt segnen. Ihr Markenzeichen ist ein schwarzer Hut mit roter Schleife und weißem Adlerflaum. Sie sind gebürtige Mostviertler und wurden während einer Tafelrunde zum Mostbaron geschlagen – zwei Grundvoraussetzungen für die Aufnahme. Jeder von ihnen produziert und/oder verkauft qualitativ hochwertige Produkte aus regionalen Mostbirnen. Neben der Landwirtschaft betreiben manche von ihnen auch Gastronomiebetriebe oder Edelbrennereien, wie etwa Josef Farthofer, Mostbaron der ersten Stunde.

Birnen-Port und weltbester Wodka

 „Die Birnen werden gepresst und vergoren wie bei der Mostherstellung. Danach wird die Gärung durch Zugabe von Birnenschnaps unterbrochen, damit die Hefe abstirbt. Diese Mischung füllen wir in Barriquefässer", erzählt die junge Mitarbeiterin, während sie eine Mostello-Probe zieht und für die Besucher in Gläser füllt. Hinter ihr stapeln sich Barriquefässer, in denen die

38

Produktionsstätte für Hochprozentiges

Mostbaron-Ehepaar
Doris und Josef Farthofer

2012 war der beste Wodka der Welt ein Mostviertler

aromatische Eigenkreation der Destillerie Farthofer bei konstanter Temperatur jahrelang reift. Zuvor wurden die Fässer im Freien gelagert, denn der Birnendessertwein, der nach der Portweinmethode hergestellt wird, braucht die Temperaturschwankungen. Die Kostprobe schmeckt äußerst bekömmlich. Der Mostello ist die namensgebende Erfindung des Mostviertler Familienunternehmens, das bereits in fünfter Generation Edelbrände und Liköre in Bio-Qualität herstellt. Mittlerweile umfasst das Sortiment rund 50 verschiedene Spezialitäten, die in zehn Länder exportiert werden. Mostelleria-Chef Josef Farthofer ist ein Tüftler, der ewig experimentiert und verfeinert, um Erlesenes auf den Markt zu bringen. Durch seine Akribie hat er schon einige Preise abgeräumt, der wichtigste ist eine Goldmedaille aus dem Jahr 2012. Damals wurde Farthofers O-Vodka auf der International Wine & Spirit Competition in London zum besten Wodka der Welt gekürt. Eine Meisterleistung für ein kleines Mostviertler Familienunternehmen. Produktionsstätte und Verkaufsräume sind in einem liebevoll restaurierten Presshaus aus dem Jahr 1874 direkt am Dorfplatz von Öhling untergebracht. Hier werden auch Erlebnis-Führungen mit Verkostung angeboten. Oder anders gesagt: Feinschmecker meets Birnenadel.

Info

Verein Mostbarone, Mostviertelplatz 1/1/4, 3362 Öhling
www.mostbarone.at
Mostelleria, Destillerie Farthofer, Öhling 35, 3362 Öhling
www.mostelleria.at
Tipp: Spaziergang zur Frühlingsblüte durch den größten Mostbirnengarten Europas mit 12.000 Bäumen gleich hinter dem Kellerhaus.

ENTDECKUNGEN IN DER HAUPTSTADT

St. Pölten, Domplatz und Stadtmuseum

39

Die Landeshauptstadt ist ein Eldorado für Archäologen und bietet so manche Gustostückerl für Kulturinteressierte.

Auf dem Domplatz liegt ein Skelett neben dem anderen. Auf dem für Passanten einsehbaren Areal werden Stück für Stück Gebeine freigelegt, fotografiert und dokumentiert. Bis Mitte 2018 konnten die Archäologen auf dem ehemaligen Stadtfriedhof von St. Pölten etwa 18.000 Individuen ausgraben, die ab dem 9. bis zum Ende des 18. Jahrhunderts dort bestattet wurden. Zudem sorgte gleich im ersten Grabungsjahr 2010 der Fund einer Latrine aus dem 15. Jahrhundert beim Forscherteam für Begeisterungsstürme. Die Bewohner eines mittelalterlichen Klosters entsorgten auf ihrem stillen Örtchen unterschiedlichsten Hausrat. Der fiel weich und wurde über die Jahrhunderte perfekt konserviert. Zwischen und unter den Gräbern wurden Mauerreste der römischen Stadt *Aelium Cetium* ebenso freigelegt, wie auch eine gut erhaltene Therme. Bis Ende 2019 werden die archäologischen Arbeiten noch andauern, danach wird der Platz neu gestaltet. Die Gebeine werden von der Medizinischen Universität Wien anthropologisch untersucht und in Folge bestattet.

„In irgendeiner Form werden die Ausgrabungen auf dem Domplatz auch danach präsentiert, zumindest in Form einer Dokumentation", erklärt der Leiter des Stadtmuseums, Thomas Pulle. Wie genau, sei noch ungewiss. Fest steht, dass das Stadtmuseum das komplette Fundmaterial verwaltet und manche Exponate in Sonderausstellungen oder dauerhaft zeigen wird. „Wir haben viele Grabbeigaben und ungefähr 70 vollständige Keramikgefäße aus dem 15. Jahrhundert allein von der Latrine." Pulle blättert in einem Katalog und zeigt auf ein Bild. „Das hier ist unser Prachtstück, die Hexe vom Domplatz." Die grimmige Keramikfigur mit der großen Nase und den Tierohren diente wahrscheinlich als Lampe.

Das Stadtmuseum selbst wurde in den Jahren 2006 bis 2007 modernisiert und vermittelt Stadtgeschichte von der Römer- bis zur Neuzeit. Es beherbergt zudem eine bemerkenswerte Jugendstil-Ausstellung, die sich unter anderem aus dem Nachlass des Künstlers Ernst Stöhr (1860–1917) speist. Der gebürtige St. Pöltener war einer der Mitbegründer der Wiener

Secession, daher gilt die Ausstellung als internationales Aushängeschild des Hauses. „Sie hat weit mehr als nur regionale Bedeutung, immer wieder werden aus dem Ausland Objekte angefragt", sagt Pulle.
St. Pölten ist die jüngste Landeshauptstadt Österreichs, seit die Landesregierung ab 1986 hierher übersiedelte. „Seit damals merkt man eine große Dynamik." Der Kunsthistoriker ist vor 25 Jahren nach dem Studium wieder von Wien nach St. Pölten zurückgekommen, um zu bleiben. „Die Stadt hat sich seit dieser Zeit sehr zu ihrem Vorteil verändert. Als ab dem Jahr 1858 die Westbahn hier Station machte, bekam die Stadt einen zeitverzögerten Entwicklungsschub." Im Vorjahr wurde beschlossen, sich gemeinsam mit der ganzen Region als Europäische Kulturhauptstadt 2024 zu bewerben. Gelingt das Unterfangen, wäre dies mit einem weiteren Imagewandel und kräftigen Impulsen für die lokale Kulturszene verbunden.

Das schönste Zimmer der Stadt

Im Rathaus kann man gelegentlich den schönsten Raum der Stadt besichtigen, das Bürgermeisterzimmer. In diesem Prunksaal residiert der jeweilige Stadtchef unter einer barocken Kaiserstuckdecke aus dem Jahr 1722. Porträts seiner Vorgänger, Stadtrichter und Bürgermeister vergangener Jahrhunderte, zieren die rot tapezierten Wände. Ein Gemälde des derzeit amtierenden Bürgermeisters, Matthias Stadler, wird erst nach seiner „Abdankung" in der Galerie hängen. Drei- bis viermal im Jahr führt der Historiker übrigens selbst Interessierte durch seine Stadt. Mit großer Freude und Leidenschaft, wie man hört.

Info

Tourismusinformation St. Pölten, Rathausplatz 1, 3100 St. Pölten
www.stpoeltentourismus.at

Bürgermeisterzimmer mit barocker Kaiserstuckdecke

Dom zu St. Pölten

Archäologen bei der Arbeit

Hauptplatz der Landeshauptstadt

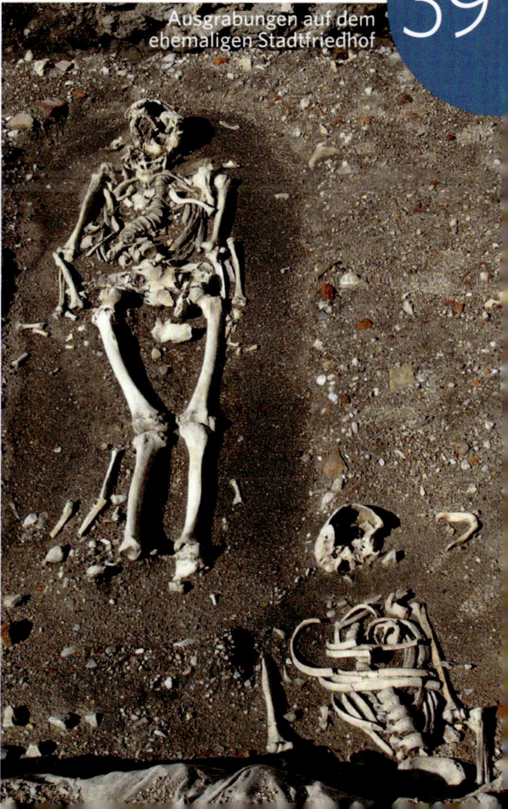
Ausgrabungen auf dem ehemaligen Stadtfriedhof

DER SCHARFMACHER

40

Chilierlebniswelt, St. Pölten

Wie ein kleiner Betrieb mit seinen knapp 1.000 Chilisorten, feurigen Verkostungen und einem jährlichen Event zu einem beliebten Ausflugsziel wurde.

„Trinken Sie ein Glas Milch zum Neutralisieren." Die Fireland-Foods-Mitarbeiterin sagt diesen Satz wahrscheinlich zigmal pro Woche. Der Rachen brennt, die Tränen laufen, die Zunge fühlt sich taub an. Es ist im wahrsten Sinne des Wortes das Ende der Vernunft, als wir „End Of Sanity" bei der Verkostung probieren. Die wichtigste Zutat der höllischen Sauce ist die berüchtigte Carolina Reaper, die schärfste Chilisorte der Welt. „End Of Sanity" ist der Verkaufsschlager von Fireland Foods. Viele Menschen gehen eben gerne an ihre Grenzen.

„Wir bauen tausend verschiedene Chilisorten an", erzählt Fireland-Foods-Gründer Richard Fohringer. „Nirgendwo weltweit gibt es so viele Sorten an einem Standort." Der Mostviertler entdeckte seine Liebe zu den scharfen Schoten durch Zufall. 2007 besuchte er mit seiner Familie die Arche Noah in Schiltern. Damals hatte der studierte Ernährungswissenschaftler absolut keinen grünen Daumen, trotzdem kaufte ihm sein Schwiegervater ein paar Pflanzerl. Eine erstaunliche Erfolgsgeschichte nahm an diesem Tag ihren Anfang.

„In einem selbstgebauten Gewächshaus habe ich im Mai die ersten Pflanzen angesetzt. Als ich im September erntete, war ich unheimlich stolz", erzählt er. Fohringer entwickelte sich zu einem leidenschaftlichen Hobbygärtner. Als Ausgleich zu seinem Fulltime-Job in Wien kümmerte er sich in seiner Freizeit um seine Früchte, nebenbei kreierte er eine süßsaure Chilisauce, die er zunächst an Bekannte verschenkte.

„Es gab keinen Plan, selbstständig zu werden, es ist einfach so passiert", betont der Unternehmer. Wenig später verkaufte er das Produkt auf Märkten in selbst abgefüllten Marmeladegläsern und war von seinem Erfolg überrascht. „Wir waren jedes Mal innerhalb kurzer Zeit ausverkauft." Zuerst wurde der Redakteur eines Feinschmecker-Magazins auf ihn aufmerksam, danach die ersten Händler. Die Nachfrage nach seiner Sauce stieg ständig. Aus Fohringers Fulltimejob wurde eine Teilzeitbeschäftigung, schließlich

Riesige Auswahl an Chilisorten

Scharfe Verkostung bis zur Schmerzgrenze

folgte der Ein-Mann-Betrieb Richi's Chilifarm. Damals kultivierte Fohringer seine Schoten noch in Ruprechtshofen, Bezirk Melk, 2016 übersiedelte er mit seinem Unternehmen, mittlerweile Fireland Foods, nach St. Pölten.
Die Eckdaten mit Stand 2018 lauten: zwölf Mitarbeiter, bis zu 20 Tonnen frisch verkaufte oder verarbeitete Chilis pro Jahr, rund hundert verschiedene Produkte, etwa Pasten, Senf, Grillsaucen, Gewürzmischungen, Schokolade, Würstel oder ein Energy-Drink. Die Rezepte dafür stammen von Fohringer selbst. Die Waren werden inzwischen im angeschlossenen (Online-)Shop verkauft und über zahlreiche Händler im In- und Ausland sowie auf Märkten vertrieben. Die Zutaten kommen fast alle aus der Region, die Fireland-Food-Chilis werden manuell geerntet und selbst getrocknet, damit Aroma und Schärfe intensiver erhalten bleiben.

Feurige Landpartie

Der neue Standort des Unternehmens hat sich mittlerweile zu einem beliebten Ausflugsziel gemausert, von April bis Oktober wird von Montag bis Samstag im Rahmen einer Führung der Weg der Feldfrucht in die Flasche vermittelt. Höhepunkt ist die Verkostung von Fireland-Foods-Produkten, bei der die Besucher auf der Schärfe-Skala von 0–12 (*Anm.:* Klassische Chilisaucen liegen etwa bei 5) ihre eigene „Schmerzgrenze" herausfinden können. Danach werden auf dem Schaufeld Chilis gepflückt. Außerdem werden zu speziellen Terminen Grillkurse angeboten, bei denen unter anderem der doppelte Grillstaatsmeister Fohringer sein Können weitergibt. Auch ein jährlich stattfindendes Event rund um das scharfe Früchtchen, das Chilifest, hat sich mittlerweile etabliert.
„Der Betrieb läuft gut, in Österreich sind wir der Platzhirsch, das genügt uns", lautet Fohringers Resümee. „Wir wollen nicht mit der Brechstange wachsen, immer größer und billiger werden." Massenproduktion, die auf Kosten der Qualität gehe, interessiere ihn nicht. Seine Firma solle qualitativ hochwertige Produkte für eine Klientel erzeugen, die das zu schätzen wisse.

Info

Fireland Foods, St. Pölten. Teslastraße 10, 3100 St. Pölten
www.fireland-foods.com

STRAHLKRAFT OHNE KERNSPALTUNG

AKW Zwentendorf, Zwentendorf an der Donau

41

Der verhinderte Atommeiler galt lange als Symbol für Pleiten, Pech und Pannen und lockte Sonderlinge mit bizarren Ideen an. Die neuen Eigentümer verwandelten ihn in einen unkonventionellen Veranstaltungsort und ein einzigartiges Museum.

„Das Atomkraftwerk Zwentendorf steht für permanentes Scheitern wie kein anderer Ort auf der Welt", sagt EVN-Kommunikationschef Stefan Zach, während wir uns von einer Plattform aus über den Reaktorschacht beugen. In Zwentendorf hat nie eine Kernspaltung stattgefunden. Nachdem bei der Volksabstimmung am 5. November 1978 über die friedliche Nutzung von Kernenergie eine hauchdünne Mehrheit von 50,47 Prozent „Nein" ankreuzte, sollte hier nie auch nur eine einzige Kilowattstunde Strom durch Kernspaltung erzeugt werden. Mit einem Schlag war eine Milliarde Euro (damals ca. 14 Milliarden Schilling) versenkt worden, der Rest ist österreichische Zeitgeschichte.

Draußen erhebt sich der schlanke Schornstein der Industrieruine 110 Meter in die Höhe, drinnen schlendern wir über PVC-Böden aus den 1970er-Jahren und vorbei an Röhren, in denen einst das Kühlwasser aus der Donau fließen sollte. Im Maschinenraum schlummern alte Turbinen, die insgesamt 1050 fensterlosen Räume des Meilers werden von einer dicken Stahlbetonwand ummantelt. Im Eingangsbereich hängen ein Strahlenmessgerät und Strahlenschutzbekleidung, alles original. „Die Mitarbeiter hätten sich nach ihrer Schicht splitternackt ausziehen und mit eiskaltem Wasser abduschen müssen", erklärt Zach. Der Lieblingsraum des Pressesprechers ist jedoch die Schaltzentrale mit den aus der Zeit gefallenen Büromöbel, Warnleuchten, Druckanzeigen und einer Wanduhr, auf der es immer fünf Minuten vor zwölf ist. Neben einem Schreibtischsessel sind vier Telefonhörer angebracht, nur einer davon ist rot. „Das war die Direktverbindung ins Bundeskanzleramt, aber der Hörer ist nicht der originale, der wurde gestohlen."

Die Anlage im Tullnerfeld ist in vielerlei Hinsicht einzigartig. Erstens ist sie das einzige Atomkraftwerk der Welt mit einer Fanseite auf Facebook, zweitens tanzte man hier 1999 während des *Nuke Festivals* erstmals auf einem AKW-Gebäude. Drittens wurde kein anderes AKW weltweit kom-

Aufnahme aus dem Jahr 1974

plett fertiggebaut und ging dann nach einer Volksabstimmung trotzdem nie in Betrieb. Bis 1985 fand hier ein sogenannter Konservierungsbetrieb statt, das heißt, ein Großteil der Mannschaft hielt die Anlage für den Tag X in Schuss. Die Eigentümer hofften auch nach der Volksabstimmung, dass das Kraftwerk irgendwann hochgefahren wird.

„Die Mitarbeiter quälten sich mit Aktenvermerken und Dienstmitteilungen", erzählt Zach. „Im Laufe der Jahre wurde es immer einsamer und stiller, bis 1985 das endgültige Aus beschlossen wurde. Danach gab es hier nur noch einen einzigen Mitarbeiter." Johann Fleischer, mittlerweile in Pension, hatte hier jahrelang als Hausmeister wie ein Einsiedler mit seinem Hund Leonie Runden gedreht. Zwentendorf wurde zudem in jener Zeit zum Ersatzteillager für konventionelle Kraftwerke in ganz Europa.

Sonderlinge und sonderbare Ideen

Während der Fehlgriff aus Stahlbeton vor sich hindöste, entwickelten Sonderlinge und Paradiesvögel so manch wunderliche Pläne für die Nutzung der Industrieruine. Der Maler Friedensreich Hundertwasser wollte ein Museum für fehlgeleitete Technologien einrichten, Bauunternehmer Robert Rogner wiederum plante einen Abenteuerpark. „Das war ein tolles Projekt", so Zach. „Leider war es nicht finanzierbar." Der umtriebige Udo Proksch, der später wegen sechsfachen Mordes verurteilt wurde, tüftelte wiederum an einem Friedhof für Senkrechtbestattung. „Er schlug vor, Verstorbene in Glassäulen einzugießen und sie auf der Freifläche neben dem Kraftwerk auszu-

Blick in den Reaktorschacht

41

Schaltzentrale mit Direktverbindung zum Bundeskanzler

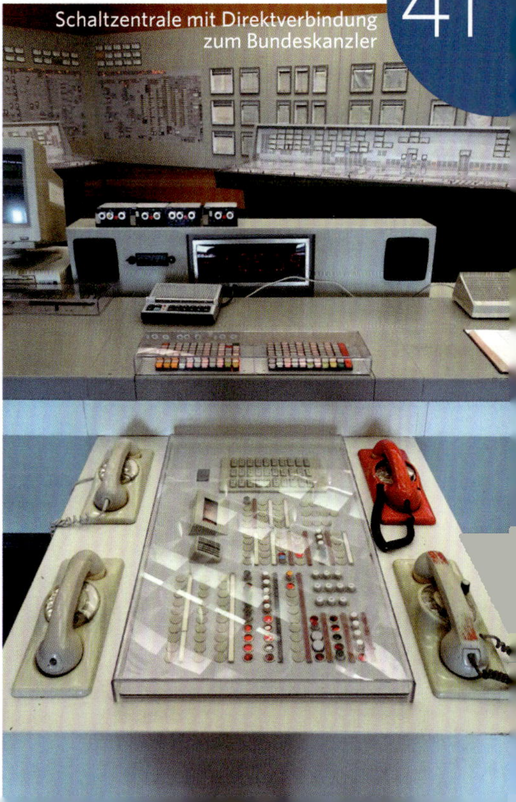

Die Baustelle im Jahr 1973

stellen." Und irgendwann entdeckte Hollywood die außergewöhnliche Location. Das AKW war als Drehort für den Film *Meltdown* mit Actionheld Dolph Lundgren in der Hauptrolle vorgesehen, die Verträge waren bereits unterschrieben, als die Produktionsfirma in Konkurs ging. „Ein typisches Zwentendorf-Schicksal", resümiert der Pressesprecher.

2005 erwarb die EVN das Kraftwerk als Reservestandort und küsste es aus seinem Dornröschenschlaf. Es dient als Veranstaltungsort und ist mittlerweile auch als Filmlocation sehr gefragt. Außerdem wird es internationalen Abrissexperten, die AKW gleichen Bautyps demontieren müssen, zu Schulungszwecken zur Verfügung gestellt, da es als einziges seiner Art strahlungsfrei ist. Zach ist überzeugt, dass Zwentendorf einen kleinen Beitrag zur Reaktorsicherheit in Europa leistet. Seit 2009 wird nun doch Strom erzeugt, und zwar mittels einer Photovoltaik-Anlage. Jeden Freitag bietet die EVN Gratisführungen durch das AKW an. „Die Rundgänge sind so beliebt, dass sie oft Monate im Voraus ausgebucht sind", sagt Zach. „Wir haben aus diesem Ort mit seiner negativen Geschichte etwas Positives gemacht."

Info

AKW Zwentendorf, Sonnenweg 1, 3435 Zwentendorf an der Donau
www.zwentendorf.com

KRABBELN, KRAXELN, KRIECHEN, RUTSCHEN

42

Hermannshöhle, Kirchberg am Wechsel

In der größten Tropfsteinhöhle Niederösterreichs darf man auf Wunsch auch die ausgebauten Wege verlassen.

„Noch irgendwelche Anweisungen?", fragen wir Höhlenforscherin Barbara Wielander - sie lacht. „Rechtzeitig bremsen, das ist alles!" Schon rutschen wir nacheinander ein paar Meter auf dem Hintern nach unten. Wir krabbeln, kraxeln, rutschen, robben, kriechen auf allen Vieren oder am Bauch auf dem feuchten und lehmigen Boden durch das weitverzweigte Labyrinth. Ausgerüstet sind wir mit Helmen, Handschuhen, alten Bergschuhen oder Gummistiefel, als einzige Lichtquelle dienen Stirnlampen. Bei unserer Spielwiese handelt es sich um nicht ausgebaute alte Führungswege, bei denen auch die Steige fehlen. Hier können wir uns wie Kinder austoben und dürfen so richtig dreckig werden.
Die Abenteuerführung in der Hermannshöhle ist ein Spezialangebot, das etwa zehn Prozent der Besucher in Anspruch nehmen und extra gebucht werden kann. Dabei verlässt man die ausgebauten und gut beleuchteten Hauptwege, die ansonsten bei Führungen gezeigt werden. Die staatlich geprüften Höhlenführer wählen je nach Bedürfnis, Motivation und Fitnessgrad der Teilnehmer verschiedene Routen, heute erforschen wir den Krokodilgang und die Hungerturmhalle. „Wer immer in einer Höhle als Erster etwas entdeckt, darf es, mit wenigen Ausnahmen, benennen, wie er will", erklärt Wielander die zum Teil kuriosen Bezeichnungen. Dementsprechend werden wir heute noch an einem Gnomentheater, an Totenköpfen, einer Schildkröte und an einem Frosch vorbeikommen.

Außergewöhnliche Steinformationen und bis zu 2.000 Fledermäuse
Am Eulenberg nahe der Gemeinde Kirchberg am Wechsel befindet sich die Karsthöhle, die nach einem ihrer Erforscher und Kurzzeitbesitzer (1843-1844), Hermann Steiger von Amstein, benannt ist. 1790 soll ein Hirtenbub in das Taubenloch, den heutigen Ausstieg aus der Höhle, gestürzt sein. Bei seiner Rettung wurden Teile des unterirdischen Gangsystems angeblich erstmalig entdeckt. Im Laufe der darauffolgenden Jahrzehnte fanden Aben-

teuerlustige immer mehr Eingänge, Abstiege und Hohlräume. „Die ersten Forscher ließen sich mit Stricken um den Bauch in Abgründe runter, in denen völlige Dunkelheit herrschte", erzählt Wielander.
Seit nunmehr 150 Jahren dient das unterirdische Reich als Schauhöhle. 1931 wurde die Hermannshöhle zum Naturdenkmal erklärt. Sie weist eine Gesamtlänge von 4430 Metern und 73 Höhenmeter auf und ist mittlerweile vollständig erschlossen. 1957 wurden Teilbereiche erstmals elektrisch beleuchtet, 1968 erwarb eine Gruppe von Wiener Höhlenforschern das Grundstück. Die Speläologen gründeten einen Verein und kümmern sich bis heute um den Erhalt und die Führungen durch das unterirdische Naturwunder. Die meisten Gäste entscheiden sich für die Besichtigung des gut ausgeleuchteten und erschlossenen Teils der Höhle, durch den man ohne Anstrengung spazieren kann. Dieser knapp 500 m lange Weg verläuft vom unteren Haupteingang, dem Windloch, hinauf zum Taubenloch und führt vorbei an einem unterirdischen Teich, außergewöhnlichen Steinformationen, Stollen und Hallen. So manche Gänge bleiben auch in diesem Bereich den Höhlenforschern vorbehalten, etwa die „Angströhre". „Die ist so eng, dass Ungeübte in Panik verfallen könnten. Da lassen wir keine Besucher durch", erklärt Wielander. Sie ermahnt uns, die wunderschönen Tropfsteine, die wir laufend passieren, nicht zu berühren. „Die dabei entstehende dünne Fettschicht würde verhindern, dass die Sintergebilde weiterwachsen, da die Haftung verloren geht. Sie sind sehr empfindlich und wachsen in 100 Jahren nur etwa einen Zentimeter." Auch Pflanzen gedeihen im Eingangsbereich als sogenannte Schattenflora. Zudem ist die Tropfsteinhöhle auch Heimat vieler Fledermausarten, im Winter lassen sich bis zu 2.000 Tiere in dem frostsicheren Quartier – die durchschnittliche Temperatur beträgt 7 Grad – nieder. Die hier häufigste Art ist die frei hängende, und dadurch leicht zu sehende Kleine Hufeisennase. Sporadisch werden auch spezielle Fledermausführungen angeboten.
Bald schon sollen die ausgebauten Pfade mit LED-Lampen und daher noch besser ausgeleuchtet werden. In dem Abschnitt, der ausschließlich der Abenteuertour vorbehalten ist, wird der Status quo erhalten bleiben. In den stockdunklen Gängen werden auch in Zukunft nur ab und an die Lichter von ein paar Stirnlampen leuchten.

146

Info

Hermannshöhlen-Forschungs- und Erhaltungsverein
2800 Kirchberg am Wechsel, *www.hermannshoehle.at*

Kleine Hufeisennase

Tropfsteingebilde/Stalaktiten

Bei der Abenteuerführung wird es manchmal richtig eng

... und hoch.

43 ARTENSCHUTZ UND ADEBAR

Storchenhaus Marchegg, Marchauen

In den March-Thaya-Auen gibt es rund 500 geschützte Tier- und Pflanzenarten, eine Besonderheit ist die größte baumbrütende Weißstorchkolonie Mitteleuropas. Diese liegt im Kernstück der March-Thaya-Auen, dem Naturschutzgebiet „Untere Marchauen", um das sich der WWF kümmert.

Auf den mächtigen alten Eichen herrscht reges Treiben. Die Störche sammeln emsig Futter auf den feuchten Wiesen und bringen es zu ihren Brutplätzen, um die Jungen zu füttern. Zur Begrüßung legen sie ihre Köpfe zurück, klappern mit den Schnäbeln und machen eine Art Hofknicks. „Seit rund hundert Jahren brüten Weißstörche in Marchegg", sagt WWF-Mitarbeiter Michael Stelzhammer, einer der Gebietsbetreuer des Auenreservats. „Sie kommen jedes Jahr zu Frühlingsbeginn und verlassen uns Mitte August wieder Richtung Afrika." Jungtiere ziehen noch vor den „Alten" in den Süden und kommen erst nach drei oder vier Jahren zurück. „Sie fliegen nicht in großen Verbänden, wie etwa Graugänse es tun. Sie treffen sich während ihrer Reise aber immer wieder auf Futterplätzen oder an Gewässern."
Von einem Aussichtsturm aus beobachten wir die Tiere in den Baumkronen beim stetigen An- und Abflug. In Marchegg befindet sich die größte baumbrütende Weißstorchkolonie Mitteleuropas, rund 50 Horste haben die Vögel im Laufe der Zeit und über Generationen in die Baumwipfel gebaut. Auch auf dem schmucken barocken Stadtschloss Marchegg, das nahe dem Eingangsbereich zum WWF-Auenreservat gelegen ist, und auf den Dächern der Stadt haben sich einige Storchenpaare niedergelassen. 2017 sind knapp hundert Jungtiere geschlüpft, derzeit leben hier knapp 80 Weißstörche. „Im Frühling kommen zuerst die Männchen und suchen sich die besten Horste, renovieren sie und bauen sie aus. Ein paar Tage später trudeln die Weibchen ein und wählen den Partner mit dem schönsten Horst", erklärt Stelzhammer. Die lebenslange Verbindung bei Storchenpaaren sei eine Mär. „Das kommt vor, meist sind es aber Saisonehen." Auch Schwarzstörche leben in den Marchauen, im Gegensatz zu ihren weißen Artgenossen sind sie jedoch sehr menschenscheu. „Diese Tiere sind etwas kleiner, haben ein schwarzes Gefieder und leben in den Teilen der Au, die für Besucher nicht zugänglich

Der scheue Schwarzstorch

Seit rund hundert Jahren brüten Weißstörche in Marchegg.

43

Urzeitkrebs Triops

Romantischer Auendschungel

Konik-Pferde sorgen für idealen Lebensraum.

Idyllische Marchauen

sind." Für viele Tiere und Pflanzen gehe in der Landschaft immer mehr Lebensraum verloren, der WWF habe es sich zur Aufgabe gemacht, solche Lebensräume zu schaffen bzw. zu erhalten. Der Gebietsbetreuer streicht mit dem Finger über die dunkelgrünen Flecken einer Landkarte. „Unser Reservat ganz im Osten Niederösterreichs besteht zu Dreiviertel aus Auwäldern. Es liegt im Schnittpunkt zweier Klimaprovinzen, einer feuchten, atlantischen und einer trockenen, kontinentalen. Aus beiden Provinzen haben sich Tiere hier angesiedelt. Das bedingt auch den Artenreichtum des Gebietes, für den wir eine hohe Erhaltungsverantwortung haben."

Drei Besucherwege führen durch das Naturschutzgebiet, das jederzeit ohne Eintritt betreten werden darf. Der Rest des rund 1.100 ha großen Reservats ist der Natur vorbehalten. Bis auf einen kleinen Teil liegt es im Überschwemmungsgebiet der March, einem Nebenfluss der Donau, zwischen den Gemeinden Marchegg und Zwerndorf. Seit den 1970er-Jahren betreut die Naturschutzorganisation das Gebiet und bewirtschaftet es nachhaltig. „Bei uns darf die Natur einfach Natur sein", erklärt Stelzhammer während er mit uns durch die ursprüngliche Auenlandschaft wandert. Wir greifen nur marginal ein: wir mähen zum Beispiel Wiesen als natürlichen Bestandteil

einer Au oder entfernen nicht heimische Gehölze, weil sie die hiesigen verdrängen. Ansonsten lassen wir Flora und Fauna ihren Lauf." In den March-Thaya-Auen gibt es rund 500 gefährdete Tier- und Pflanzenarten. Ein paar kommen nur (mehr) hier vor oder sind vom Aussterben bedroht, wie etwa der Seeadler, Urzeitkrebse, die Ganzblatt-Waldrebe oder die Hügel-Nelke.

Der Landschaftsplaner pflückt als Anschauungsobjekt eine unscheinbare Pflanze am Wegesrand. „Das ist zum Beispiel eine Brennnessel ohne Brennhaare, die wächst in Österreich nur in den Marchauen."
In der Holzhütte am Ufer eines stehenden Gewässers legen wir eine Pause ein und beobachten durch ein Sichtfenster Amphibien und Libellen, die wie schillernde rote oder blaue Farbtupfer herumschwirren. „Wer still ist, sieht mehr" steht auf einem Schild. Wir folgen der Anweisung während unserer Rast an dem Gewässer, in dem auch der Eisvogel gerne nach Fischen jagt. Bis zu 50.000 Besucher kommen jährlich ins Naturreservat, trotzdem ist es dem WWF gelungen, eine sanfte touristische Nutzung zu etablieren.

Konik-Pferde statt Mähmaschinen

Einige Wiesen im Naturreservat werden nicht von Menschenhand oder Maschinen gemäht, sondern von Konik-Pferden beweidet, einer kleinen Pferderasse aus Polen. Die robusten Tiere sind dem ausgestorbenen europäischen Wildpferd, dem Tarpan, ähnlich und haben sich noch viele wilde Merkmale erhalten. Durch ihr Leben und Fressen erhalten sie die Auwiesen auf natürliche Weise und sichern damit den Lebensraum für viele andere Arten. Sie sorgen für flachere Ufer, grasen die Weiden unregelmäßig ab und sind daher perfekt für Fauna und Flora. Sogar ihre „Pferdeäpfel" sind eine ideale Behausung für so manches Kleingetier. 2015 holte der WWF zunächst sechs Stuten nach Marchegg, im Jahr darauf drei Junghengste. Seitdem gab es bereits sechsmal Nachwuchs, die Population ist mittlerweile auf 15 Pferde angewachsen. Das Nesthäkchen ist erst eine Woche alt und wälzt sich ausgiebig auf dem Boden, während der Rest der Herde gemächlich auf der eingezäunten Weide grast. „Ihr Stoffwechsel ist ideal an natürliche Nahrung angepasst", erklärt Stelzhammer und mahnt uns zugleich, Abstand von den Tieren zu halten. Ein Pferdebetreuer kümmert sich um das Wohlergehen der Herde, ansonsten sollen sie nicht gefüttert oder gestreichelt werden, denn sie können sich ihre Lebensbedürfnisse selbst frei wählen. Für die Pferde gilt das Gleiche wie für den Rest des Naturreservats. Das Gebiet gehört den Tieren und Pflanzen, der Mensch ist hier nur Gast, der die für ihn vorgesehenen Pfade nicht verlassen soll.

Info

Storchenhaus (Besucherzentrum) Marchegg, Im Schloß 1,
2293 Marchegg. Informationen, geführte Touren, regionale Produkte
www.wwf.at/de/storchenhaus

KAISERLICHES DISNEYLAND

44

Schloss Laxenburg

Über Jahrhunderte diente Schloss Laxenburg den Habsburgern als Ort der Erholung und für so manch kuriose Zerstreuung.

Etwa 160 Stufen sind es bis zur Aussichtsplattform des höchsten Turms der Franzensburg, doch schon der Weg hinauf bietet einige Überraschungen. Wir passieren ein Verlies, in dem ein gefesselter Tempelritter aus Holz schmachtet und plötzlich mit seiner Kette zu rasseln beginnt. Ein paar Besucher zucken kurz zusammen, der Kulturvermittler, der den Mechanismus an der Eingangstür betätigt hat, lacht. „Damit hat schon Kaiser Franz seine Gäste erschreckt und es funktioniert noch immer." Er zeigt nach oben. „Man hätte einen Delinquenten aus dem Verlies mit dem Seil so weit nach oben ziehen können, dass nur der Kopf in der darüberliegenden Gerichtsstube in der Mitte des Richtertisches sichtbar gewesen wäre."

In der Realität gab es weder Gefangene noch eine Gerichtsbarkeit auf der Franzensburg. Auch mit der Warnglocke am höchsten Punkt der Franzensburg wurden niemals Truppen mobilisiert, die Rittergemächer dienten nicht als Schlafzimmer. Einrichtung, Ausstattung und teilweise auch Bauelemente sind eine Ansammlung von Kostbarkeiten verschiedener Jahrhunderte aus Schlössern, Burgen, Kirchen, Stiften und Klöstern. In der Franzensburg hat nie ein Habsburger gelebt, vielmehr diente sie ihnen zur Zerstreuung und gilt zurecht noch immer als Schmuckstück des Areals.

Selbst der Name des Gebäudes trügt, denn die Franzensburg wurde ab 1798 lediglich als mittelalterliches Ritterschloss nachgebaut und diente vielmehr als Gartenhaus und kleine Schatzkammer. Sie liegt auf einer Insel inmitten des Schlossparks und wirkt mit ihren Türmchen und Türmen, Erkern, Pechnasen, Mauerzinnen und Wetterfahnen wie ein Schlösschen in einem Vergnügungspark. Seit dem Jahre 1811 ist sie mit einer Seilfähre erreichbar, Kaiser Franz II. (als letzter Kaiser des Heiligen Römischen Reiches Deutscher Nation) bzw. Franz I. (als erster Kaiser Österreichs) soll sich manchmal selbst als Fährmann betätigt haben. Heute noch werden Burgbesucher mit einer Fähre hinüberbefördert, in der kalten Jahreszeit wird sie durch eine Holzbrücke ersetzt. Im Zuge der Turm- und Dachführung gelangt man auf den höchsten Punkt der Franzensburg, die Plattform des Hohen Turms. Von hier hat man ei-

Blick vom höchsten Turm der Franzensburg

Waffensaal in der Franzensburg

Bummelzug und Seilfähre

nen herrlichen Rundumblick über den Wienerwald, bis zum Schneeberg bzw. Leitha- und Rosaliengebirge und eben auf die 25 Hektar große Wasserfläche mit ihren sieben Inseln, die das Märchenschloss umgibt. Das Ausflugshighlight in Laxenburg, und das seit über 200 Jahren, ist eine Bootsfahrt auf dem idyllischen Schlossteich. Die gotische Brücke mit der mächtigen Spitzbogendurchfahrt ist dabei ebenso Blickfang wie die aus riesigen Steinen künstlich errichtete Grotte. Elektro-, Tret- und Ruderboote sowie weitere interessante Bootstypen kann man bei der Bootsvermietung-Laxenburg ausleihen.

Altes Schloss, Blauer Hof und das kurioseste Gebäude des Parks

Der Schlosspark selbst wurde seit dem 13. Jahrhundert von den jeweils herrschenden Habsburgern ständig erweitert und ausgebaut. Heute ist er mit einer Größe von 280 Hektar die größte Parkanlage Österreichs. Besonders der gelernte Gärtner Kaiser Franz tobte sich hier nicht nur humoristisch, sondern auch botanisch aus, was ihm den liebevollen Spitznamen „Blumenkaiser“ einbrachte. Kaiser Franz Joseph I. und Kaiserin Elisabeth flitterten 1854 in der romantischen Anlage, auch zwei ihrer Kinder, Gisela und Kronprinz Rudolf, wurden hier geboren.

154 Heute ist der Park öffentlich zugängig und eine beliebte Freizeitanlage. Die Besucher passieren Wälder, Wiesen, Kanäle, Brücken, Statuen, Lustbauten, einen Wasserfall und einen Turnierplatz, manche lassen sich vom Bummelzug durch den Park kutschieren. Im Alten Schloss, vermutlich das älteste Gebäude Laxenburgs, ist heute ein Filmdepot des Filmarchivs unterge-

Gotische Brücke

bracht. Das Ortszentrum und den Eingang des Parks ziert der Blaue Hof, ein repräsentatives Barockschloss, großzügig ausgebaut unter Maria Theresia, mit dem 1753 errichteten Schlosstheater. Zwischen dem Blauen Hof und der Franzensburg flanieren wir an ein paar Mauerresten vorbei. Sie sind das Einzige, das vom wohl kuriosesten Gebäude in Laxenburg übriggeblieben ist. Kaiser Franz hatte das *Haus der Laune* beim Architekten Johann Ferdinand Hetzendorf von Hohenberg in Auftrag gegeben. Der Weinkeller des skurrilen Baus befand sich unter dem mit Honigkuchen gedeckten Dach. Zuckerhüte zierten den Garten, im Musikzimmer bestanden die Möbel aus Blasinstrumenten, lebensgroße mechanische Wachspuppen bewohnten das sonderbare Gebäude. Es gab eine Hexenküche, in der Teufel auf dem Herd saßen. Ein Haus ganz nach dem Geschmack des verspielten Kaisers. Doch er sollte sich nicht lange daran erfreuen, denn kurz nach seiner Fertigstellung Ende des 18. Jahrhunderts wurde es von Napoleons Soldaten zerstört, und der Nachwelt blieben nur Überlieferungen und die Fantasie.

Info

Schloss Laxenburg, Schlossplatz 1, 2361 Laxenburg.
Zahlreiche Themenführungen und Veranstaltungen, etwa ein Ritterfest oder der Kaiserliche Nachmittag
www.schloss-laxenburg.at

45 MAYERLING, SCHAUPLATZ EINER TRAGÖDIE

Karmel Mayerling, Alland

Der Mythos rund um den Tod von Kronprinz Rudolf und seiner Geliebten Mary Vetsera zieht noch immer zahlreiche Touristen in den winzigen Ort im Bezirk Baden.

Zwei Kirchen, zwei Klöster, ein Wirtshaus, etwa 50 Häuser und 140 Einwohner, dazu um die 100.000 Besucher pro Jahr, das ist der Ort Mayerling in Zahlen. Das kleine Dorf im Wienerwald war Schauplatz einer legendenumwobenen Tragödie, die die Donaumonarchie maßgeblich verändern sollte. Am 30. Jänner 1889 starben Kronprinz Rudolf von Habsburg und seine Geliebte Mary Vetsera im Jagdschloss Mayerling unter bis heute nicht völlig geklärten Umständen. Damals gab es viele Gerüchte. War es ein Doppelsuizid? Ein Unfall? Oder gar ein Attentat? Mord und Selbstmord?

Nach heutigen Erkenntnissen tötete der depressive Kronprinz zuerst die Baronesse Mary Vetsera und anschließend sich selbst durch einen Kopfschuss. Tatort war sein Schlafzimmer im Jagdschloss Mayerling. Drei Jahre vor dem tragischen Ereignis hatte Rudolf das Anwesen erworben und es seitdem zur Zerstreuung genutzt, ungefähr zehn Jagden sind hier vor der Tragödie veranstaltet worden.

Der Tod von Rudolf erschütterte die Habsburgermonarchie in ihren Grundfesten, war er doch der Thronfolger und zudem der einzige Sohn von Kaiser Franz Joseph I. und Kaiserin Elisabeth. Der Wiener Hof reagierte jedoch mit Vertuschung. Die Zeugen erhielten Schweigegeld, die Leiche der jungen Frau wurde heimlich am Friedhof bei Stift Heiligenkreuz begraben. Der 18-Jährigen unterstellte man Selbstmord, Rudolf wiederum soll zum Zeitpunkt des Suizids laut einem ärztlichen Gutachten unzurechnungsfähig gewesen sein. Dieser Befund erschien nicht sehr glaubwürdig, ermöglichte jedoch ein kirchliches Begräbnis in der Kapuzinergruft. Mary hingegen blieb die ewige Zweisamkeit mit Rudolf verwehrt. Historiker haben übrigens längst mit der hartnäckigen Geschichte aufgeräumt, dass es sich bei der Tragödie in Mayerling um einen Doppelselbstmord aus Liebe gehandelt hat. Mag sein, dass der 18-jährige Backfisch Mary den Suizid mit dem Geliebten höchst romantisch fand. Der mit Stephanie von Belgien verheiratete Rudolf

Kloster und Gedenkstätte

Der zweite Sarg von Mary Vetsera

Grab der Baronesse am Friedhof in Heiligenkreuz

Heute steht ein Altar am einstigen Schauplatz der Tragödie.

hingegen hatte Zeit seines Lebens verschiedenste amouröse Abenteuer. Besonders angetan hatte es ihm die Edelprostituierte Mizzi Kaspar, mit der er die Nacht vor seinem Tod verbracht hatte und die er eigentlich überreden wollte, sich mit ihm gemeinsam das Leben zu nehmen. Doch Mizzi erteilte ihm eine klare Absage, und so kam die junge Baronesse als Ersatzkandidatin ins Spiel. Bekannte Mayerling-Filme wie *Kronprinz Rudolfs letzte Liebe* haben mit der Realität herzlich wenig zu tun, die Ursache der tiefen Verzweiflung des Thronfolgers war sicherlich kein Liebeskummer. Vielmehr hatte er als liberaler Geist am Wiener Hof viele übermächtige Feinde, auch sein kaiserlicher Vater schätzte Rudolfs politische Ideen nicht. Zudem war auch sein physischer Zustand zum Zeitpunkt des Todes sehr schlecht.

Kloster und Besuchermagnet

Kaiser Franz Joseph I. ließ das Gebäude nach der Tragödie zu einem Kloster umbauen und stiftete es noch im Todesjahr seines Sohnes dem Orden der Karmelitinnen, die für das Seelenheil von Rudolf beten sollten. Er ließ das Schlafzimmer abreißen und stattdessen eine Kirche errichten, in der bis heute jeden Tag eine Messe gefeiert wird. Dort, wo man einst das tote Liebespaar gefunden hat, steht nun ein Altar.

Das Kloster besteht noch heute, derzeit leben elf Nonnen im Karmel Mayerling und befolgen ihr strenges Gelübde: Demut, Keuschheit und Armut. Die Frauen beten sechs Stunden pro Tag und verbringen die meiste Zeit schweigend. Trotz des asketischen Lebensstils gibt es keine Nachwuchssorgen, manche der Schwestern sind zudem noch sehr jung. Abgesehen von Priorin Schwester Maria Regina haben sie keinen Kontakt zur Außenwelt. Besucher werden von weltlichen Guides durch das Areal und die historisch relevanten Räumlichkeiten geführt. 2014 gab der Orden, der sich über die Eintrittsgelder finanziert, eine Generalüberholung des Anwesens in Auftrag. Der Garten wurde umgestaltet, die Kirche entfeuchtet, das Museum adaptiert, der Frühstückspavillon des Kronprinzen für Besucher geöffnet, eine Kerzenkapelle und ein Besucherzentrum gebaut. In letzterem werden Eintrittskarten verkauft, Mayerling-Mitbringsel feilgeboten und die Führungen gestartet. Während der Besichtigungen führen fachkundige Guides in die Kirche, den Pavillon und einen Ausstellungsraum mit Schaustücken rund um die Tragödie von Mayerling. Dort werden in den Vitrinen und an den Wänden alte Fotos und Handschriften gezeigt, ein Modell des Anwesens gibt über die Umbauten einen guten Überblick. Brisant sind etwa die Faksimiles der Abschiedsbriefe von Mary Vetsera. Sie wurden zufällig vor ein paar Jahren in einem Bankdepot in Wien gefunden, die Originale befinden sich in der Nationalbibliothek.

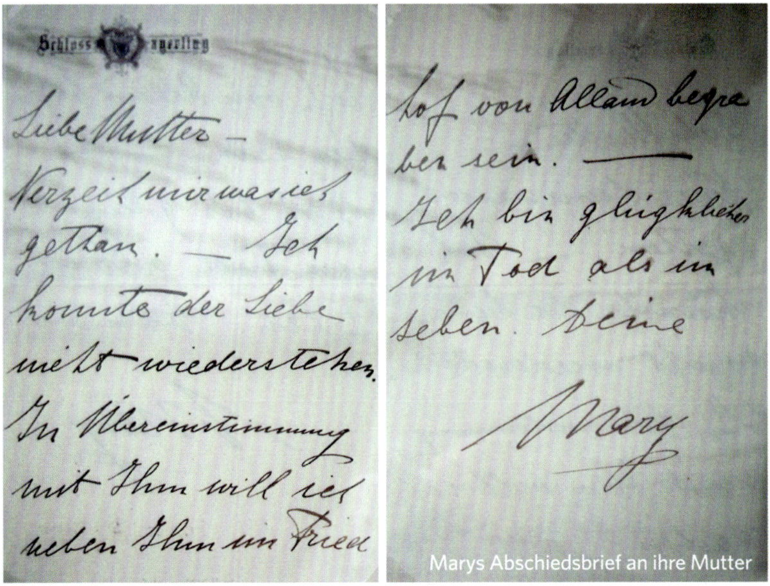
Schloss Mayerling

Liebe Mutter –
Verzeiht mir was ich
gethan. – Ich
konnte der Liebe
nicht wiederstehen.
In Übereinstimmung
mit Ihm will ich
neben Ihm im Fried
hof von Alland begra
ben sein. –
Ich bin glücklicher
im Tod als im
Leben. Deine
Mary

Marys Abschiedsbrief an ihre Mutter

In dem kleinen Museum befindet sich auch ein alter Kupferprunksarg, der 1945 von Grabräubern mit einer Spitzhacke brachial aufgebrochen wurde, um nach Gold und Schmuck zu suchen. Es ist der zweite von insgesamt vier Särgen, in denen Mary Vetsera im Laufe der Zeit begraben wurde. Erst hundert Jahre nach der Tragödie kamen ihre Gebeine auf den Seziertisch. Die gerichtsmedizinische Untersuchung bewies endgültig, dass die Baronesse an einem Kopfschuss durch Fremdverschulden gestorben war. 1993 wurde sie erneut und hoffentlich zum letzten Mal auf dem Friedhof in Heiligenkreuz beigesetzt. Ihr Grab zieht noch immer Besucher an.
Das letzte Licht ins Dunkel könnte die Untersuchung von Rudolfs Überresten bringen. Doch die Habsburger verweigern nach wie vor die Herausgabe des Sarges aus der Kapuzinergruft. Damit bleiben rund um die Tragödie von Mayerling bis heute manche Fragen unbeantwortet. Vielleicht ist das gut so. Denn so besteht der Mythos weiter, der so viele Menschen fasziniert.

Info

Karmel Mayerling, Mayerling 3, 2534 Alland
www.karmel-mayerling.org

SCHAURIG-SCHÖNES GROTTENFEELING

46

Seegrotte Hinterbrühl

Die Entstehung des größten unterirdischen Sees Europas ist einem Zufall zu verdanken.

Früher trug Kinley Wessely Zelte und Sauerstoffflaschen für Bergsteiger in bis zu 8.000 Meter Höhe. Jetzt hält der ehemalige Sherpa eine Grubenlampe in der Hand und führt Besucher 60 Meter unter Tage durch die Seegrotte in Hinterbrühl. „Hier unten wurden früher Pferde eingesetzt, um die schwer mit Gips beladenen Hunte mittels eines Göpels, einer durch Muskelkraft angetriebenen Kraft- bzw. Aufzugsmaschine, ans Tageslicht zu befördern. Die Tiere selber kamen nie ans Licht, sie sind hier unten blind geworden", berichtet er, während er in einer schwarzen Bergarbeiteruniform die halbdunklen Gänge vor uns entlangläuft. In der oberen von zwei Etagen wurden in Nebenstollen Schauräume eingerichtet, um die wechselhafte Historie des Bergwerks zu präsentieren.
Wessely erzählt Geschichten über originale Flugzeugteile, das alte Gezähe (Werkzeug des Bergmannes), Grubenhunte oder den Barbarastollen, dem Festsaal des Bergwerks, in dem schon viele Messen zu Ehren der Bergleute abgehalten wurden. Und darüber, was ihn, den gebürtigen Bhutaner, ausgerechnet hierher verschlagen habe. „Ich war Sherpa am Himalaya, bis ich Ende der 1980er-Jahre von österreichischen Bergsteigerfreunden eingeladen wurde. In Bhutan haben wir meist nur einen Namen, meiner war Kinley." Da er dann als Neo-Österreicher einen Vor- und Nachnamen benötigte, entschied er sich für den seiner Gastfamilie, Wessely.

Düsenflugzeug und Drachenboot

Eigentlich wollte man 1848 in Hinterbrühl nur einen Brunnen graben. Das hier eines der eindrucksvollsten Naturdenkmäler Europas entstehen sollte, hätte sich der damalige Besitzer wohl in seinen kühnsten Träumen nicht vorstellen können. Mit dem Brunnen wurde es nichts, denn man fand Gips, den man zu jener Zeit dringend als Dünger brauchte. Also grub man weiter. 64 Jahre lang, bis nach einer Sprengung 1912, aus einem riesigen sogenannten Wassersack 20 Millionen Liter Wasser in die Stollen strömte. So schlecht, so gut. Vorbei war es mit dem Gipsabbau, dafür

Das goldene Drachenboot aus dem Film „Die drei Musketiere"

Pferde erblindeten in der Grotte.

entstand mit 6.000 m² der größte unterirdische See Europas. 1932 wurde die Seegrotte erstmals als Schaubergwerk für Besucher geöffnet und entwickelte sich rasch zu einer Touristenattraktion.

Doch lange sollte es nicht so bleiben, denn 1944 beschlagnahmte die Wehrmacht den Stollen, pumpte das Wasser aus dem Bergwerk und baute unter dem Decknamen *Languste,* mit KZ-Häftlingen aus Mauthausen Rümpfe für eines der ersten Düsenflugzeuge, die Heinkel HE 162 „Salamander". Die in der Seegrotte gebauten Rümpfe wurden per LKW nach Wien-Schwechat transportiert, von wo sie nach Montage der Tragflächen zu den einzelnen Einsatzflughäfen geflogen wurden. Zwischen Herbst 1944 und Frühjahr 1945 kam die HE 162 noch zum Einsatz. Um dem Feind nichts zurückzulassen, sprengten die Nazis die Einrichtung zu Kriegsende mit sieben schweren Bomben. Der Stollen selbst hielt der Sprengung stand. Erst nach drei Jahre dauernden Renovierungsarbeiten wurde das Bergwerk für Besucher erneut zugänglich gemacht.

Über den Förderberg gelangen wir in die untere Etage, dem eigentlichen Highlight unserer Tour, zum großen See. Das goldene Drachenboot sticht sofort ins Auge, ein Überbleibsel aus dem Jahr 1993, als hier Szenen für den Hollywood-Blockbuster *Die drei Musketiere* mit Kiefer Sutherland und Charlie Sheen gedreht wurden. Das imposante Drachenboot gehörte zur Deko des Films, genauso wie das Verlies in der oberen Etage, in dem D'Artagnan einst schmorte.

In einem Boot gleiten wir fast geräuschlos – untermalt nur durch sanfte Klänge – über den raffiniert illuminierten See, der dadurch viel tiefer und mystischer wirkt, fast ein bisschen schaurig. Etwa acht Minuten dauert die Fahrt über den aus sieben Grundwasserquellen gespeisten See. Da er keinen natürlichen Abfluss hat und um den Wasserspiegel gleichzuhalten, werden jeden Tag über 50.000 Liter Wasserzufluss wieder abgepumpt.

Wir passieren einen rot beleuchteten Stollenabschnitt, der als Eingang zur *Höhle der Wahrheit* bezeichnet wird. „Diejenigen, die hier durchfahren und ein Geheimnis haben, bekommen ein rotes Gesicht", sagt Wessely. Ein kleiner Scherz für die Touristen, die an dieser Stelle immer wie Tomaten aussehen.

Info

Seegrotte Hinterbrühl, Grutschgasse 2a, 2371 Hinterbrühl
www.seegrotte.at

WO SIGMUND FREUD NOCH KRAXELN MUSSTE

47

Rax-Seilbahn und Schneebergbahn, Rax-Schneeberg-Gebiet

Seit 1926 bringt die erste Personen-Seilschwebebahn Österreichs Passagiere auf die Rax, der höchste Bahnhof Österreichs liegt am benachbarten Schneeberg.

„Ist der Herr ein Doktor?" Mit diesen Worten soll Wirtstochter Aurelia Kronich im Sommer 1893 Sigmund Freud hoch oben auf der Rax um Hilfe gebeten haben. Eigentlich wollte der Arzt seinen Berufsalltag auf seinen Wanderungen hinter sich lassen, doch die Geschichte der 18-Jährigen weckte sein Interesse. Zwei Jahre später veröffentlichte er ihre Geschichte in den *Studien über die Hysterie,* schützte Aurelia jedoch mit dem geänderten Namen „Katharina". Ende des 19. Jahrhunderts verbrachte der Vater der Psychoanalyse seine Sommerfrische gerne in Reichenau an der Rax und stieg mehrmals die Woche über den beeindruckenden Thörlweg zum Ottohaus auf. Seine Tour hielt er auf einer Zeichnung fest und beschrieb den Aufstieg von der Prein über den Schlangenweg und den Abstieg ins Tal.
Das Ottohaus bietet auch heute noch Wanderern rustikale Küche und eine herrliche Aussicht, allerdings ist ein mühsamer Aufstieg wie zu Sigmund Freuds Zeiten für eine Einkehr nicht mehr unbedingt notwendig. Seit 1926 bringt die Pendelbahn Touristen auf den Wiener Hausberg, der insgesamt 2.007 m hoch ist. Die Rax-Seilbahn ist die älteste heimische Personen-Seilschwebebahn Österreichs und war von Beginn an ein Touristenmagnet. Bereits im ersten Betriebsjahr transportierte sie von der Talstation im Luftkurort Reichenau an der Rax 180.000 Passagiere auf den Berg. Sie fährt noch immer, täglich und ganzjährig, wenn sich auch die Technik bis heute radikal verändert hat. Eine Fahrt dauert lediglich acht Minuten.
Der Raxalm-Berggasthof, in dem sich die Seilbahnstation befindet, liegt auf einer Seehöhe von 1.545 m, von dort ist es ein halbstündiger Katzensprung ins gemütliche Ottohaus. Unterhalb der Schutzhütte befindet sich der 4.000 m² große „Alpengarten Rax", wo etwa 200 Pflanzenarten, darunter auch Raritäten wie Edelweiß und Enzian, die Vielfalt der Bergwelt-Flora zeigen. Ebenfalls vom Ottohaus aus mit einer kurzen Wanderung erreichbar

Triebwagenzug „Salamander" und historische Dampflok

ist die höllisch gute Höllentalaussicht mit herrlichem Blick ins Tal und auf den Schneeberg.

Der höchste Bahnhof Österreichs

Auch den Gipfel des benachbarten Schneebergs (mit 2.076 m der höchste Berg Niederösterreichs) muss man nicht komplett zu Fuß erklimmen. Die über 120 Jahre alte Schneebergbahn bringt Passagiere vom Bahnhof Puchberg am Schneeberg bis auf eine Höhe von 1.800 m zum Bergbahnhof Hochschneeberg, seine zwei Gipfel kann man von hier in etwa zwei Stunden erreichen. Nur 40 Minuten dauert die Fahrt auf der längsten Zahnradbahn Österreichs im modernen Triebwagenzug „Salamander", der mehrmals täglich von Ende April bis Ende Oktober verkehrt. An den Sonn- und Feiertagen im Juli und August schnauft eine historische Dampflok hinauf, die an Kaisers Zeiten erinnert. Viele Fahrgäste legen eine Zwischenstation bei der Haltestelle Baumgartner ein, die für die flaumigen Schneeberg-Buchteln berühmt ist.

Info

Rax-Seilbahn, Dr. Ewald Bing-Straße 3, 2651 Reichenau an der Rax
www.raxalpe.com
Schneebergbahn, Bahnhof Puchberg, Bahnhofplatz 1,
2734 Puchberg am Schneeberg, *www.schneebergbahn.at*

Höllisch gute Aussichten

Im Raxalm-Berggasthof befindet sich die Seilbahnstation.

48 WIE EINST DIE ALTEN RÖMER LEBTEN

Römerstadt Carnuntum, Petronell-Carnuntum

Die bedeutendste antike Ausgrabungsstätte Österreichs vermittelt facettenreich das Leben von damals.

„Ultor!", kreischt das Publikum auf den Rängen begeistert, als der muskulöse Kämpfer auch noch seinen letzten Gegner in den Staub wirft. Der Sieger steht fest, die Spiele sind entschieden. Ultor nimmt seinen Preis, einen Palmzweig, in Empfang und dreht damit in der Arena seine Runde, begleitet vom begeisterten Gejohle der Zuschauer. Rund ein Dutzend junger, athletischer Männer in Brustpanzern, mit Beinschienen, Helmen und Schutzschildern ausgestattet, sind als Gladiatoren im Amphitheater gegeneinander angetreten, um wie in der Antike mit Schwertern, Dolchen, Dreizack oder Wurfnetz zu kämpfen. Allerdings sind die Schwerter im Carnuntum des Jahres 2018 aus Holz und niemand wird ernsthaft verletzt.

Rund 300 Reenactors und Darsteller sind zum Römerfestival angereist und erwecken wie jedes Jahr an zwei Wochenenden im Juni die antike Stadt Carnuntum zum Leben. Während in der Arena des Amphitheaters die Gladiatorenkämpfe nachgestellt werden, exerzieren in der nahen Zivilstadt Legionärsgruppen, galoppieren römische Reiter, schlendern fein gekleidete Römerinnen, stapfen Barbaren durch die Straßen. Händler bieten gedrechselte Holzschalen oder selbst entworfenen Modeschmuck an. Wie und womit die Römer kämpften, malten, heilten, kochten und handwerkten, wird gezeigt und nachgespielt. Schlachten, Hochzeiten, Modeschauen, Tänze, Priesterzeremonien, Schaukämpfe und vieles mehr stehen auf dem abwechslungsreichen Programm. Keinesfalls geht es um das Tragen lustiger Kostüme, sondern um das möglichst authentische Nachleben der Römerzeit. Kleidung, Waffen und Gebrauchsgegenstände sind detailgetreu und meist händisch nachgearbeitet.

Das römische Stadtviertel in der Zivilstadt

Vor und nach dem Trubel des jährlichen Römerfestivals wird auf der antiken Ausgrabungsstätte geforscht, gegraben, rekonstruiert, gebaut und Besuchergruppen werden durchgeführt. Obwohl hier seit 130 Jahren wissenschaftlich gearbeitet wird, befinden sich noch immer etwa 99 Prozent der weitläufigen Stadt unter der Erde. Präsentiert werden neben dem rö-

Antike Modenschau

Legionäre in Reih und Glied

Wachstäfelchen für Notizen

Römische Therme

Römisches Stadtviertel

mischen Stadtviertel zwei Amphitheater, das Heidentor, Wahrzeichen Carnuntums, und die erst 2011 entdeckte Gladiatorenschule, die als Sensationsfund gilt. Das dazugehörige Museum Carnuntinum, das größte heimische Römermuseum, beherbergt mehrere Millionen Exponate. Die Ausgrabungsstätten und Präsentationsgebäude erstrecken sich auf den heutigen Gemeindegebieten von Bad Deutsch-Altenburg und Petronell-Carnuntum. Im römischen Stadtviertel wurden bisher drei Häuser - ein Bürgerhaus, eine Stadtvilla und eine öffentliche Thermenanlage - komplett rekonstruiert, sie sind so funktionstüchtig, dass man jederzeit einziehen könnte.

Im Jahr 6 n. Chr. wurde Carnuntum als befestigtes Winterlager gegründet, ein halbes Jahrhundert später folgte ein Legionärslager, in dem in den folgenden 400 Jahren eine römische Legion und eine Reitereinheit stationiert waren. Etwa hundert Jahre nach Christus entstand jene Zivilstadt, deren Überreste wir im heutigen Petronell-Carnuntum bestaunen dürfen. Im 3. Jahrhundert n. Chr. schließlich wohnten mehr als 50.000 Menschen in der zu diesem Zeitpunkt zweitwichtigsten römischen Stadt nördlich der Alpen, die sich damals auf 10 km^2 ausdehnte. Auch der bedeutende Kaiser Marc Aurel kämpfte hier drei Jahre lang gegen Germanenstämme und arbeitete nebenbei an seinem philosophischen Werk, den *Selbstbetrachtungen.*

Auf Details des römischen Alltags wird sehr geachtet. Eine Fußbodenheizung wärmt das ganze Jahr über die Therme, Badeschlapfen, Ölfässchen und Schabeisen *(Strigilis),* mit dem sich die Römer vor dem Bad reinigten, stehen bereit. Wände in den Latrinen sind mit Zeichnungen von Gladiatoren und lateinischen Sprüchen beschmiert (Latrinensprüche sind keine Erfindung der Neuzeit!), in den Privathäusern finden sich typische Gebrauchsgegenstände, z. B. eine Rundmühle, eines der beliebtesten Spiele der Antike, oder ein Täfelchen mit Wachs. Weil Papyrus damals sehr teuer war, verwendeten die Römer diese wiederverwendbaren Tafeln als Notizblock. Carnuntum ist kein römisches Disneyland, alles, was die Besucher hier zu sehen bekommen, beruht auf archäologischen Befunden. Die römische Therme in Carnuntum ist die bisher weltweit einzige, die an ihrem Fundort in antiker Bauweise und voll funktionsfähig nachgebaut wurde, bei der Rekonstruktion der Gebäude wird penibel auf Authentizität geachtet. Die Handwerker, die auf den Baustellen hämmern und bohren, benutzen ähnliches Werkzeug wie in der Antike.

Info

Römerstadt Carnuntum, Hauptstraße 1A, 2404 Petronell-Carnuntum
www.carnuntum.at

GERETTETE WILDNIS

Nationalpark Donau-Auen, Orth an der Donau, Stopfenreuth

49

Mitte der 1980er-Jahre widersetzten sich Tausende Menschen dem geplanten Bau des Kraftwerks Hainburg und verhinderten damit die Zerstörung eines unvergleichlichen Naturjuwels.

Tausende Umweltaktivisten trotzen im Dezember 1984 in der Stopfenreuther Au elf Tage lang eisiger Kälte und brutalen Polizeieinsätzen, um den Bau des Donaukraftwerks Hainburg zu verhindern. Am 19. Dezember geht die Exekutive mit Gummiknüppeln, Hunden und Wasserwerfern gegen die friedlichen Demonstranten vor. Zwanzig Menschen werden verletzt, hunderte Bäume gefällt. In Wien kommt es zu einer Großdemonstration von etwa 40.000 Kraftwerksgegnern, große Teile der Bevölkerung und einflussreiche Medien unterstützen die Au-Besetzer. Schließlich lenkt die Regierung ein, denn nur zwei Tage später verkündet Bundeskanzler Fred Sinowatz den Weihnachtsfrieden und einen einstweiligen Rodungsstopp. In den darauffolgenden Jahren kommt es zu einem Volksbegehren und einer Aufhebung des Wasserrechtsbescheids. Diese Ereignisse, im Zeitraffer dargestellt, münden ein Jahrzehnt später, 1996, in der Gründung des Nationalparks Donau-Auen.

Mit gewaltlosem Widerstand, viel Mut und Beharrlichkeit wurde in jenen Tagen ein einzigartiges Naturjuwel gerettet. Der Nationalpark ist die größte zusammenhängende, ökologisch weitgehend intakte und naturnahe Aulandschaft dieser Art in Mitteleuropa. 25 Prozent seiner Fläche befinden sich auf dem Gebiet der Millionenstadt Wien, der Rest gehört zu Niederösterreich. Mehr als 800 Arten höhere Pflanzen und über 200 land- und wasserlebende Tierarten (ohne Insekten), leben im Nationalpark, für etwa 1,5 Millionen Besucher jährlich ist er ein Erholungsgebiet und Ausflugsziel.

Mit dem Boot durch den Auwald

Stopfenreuth gilt als „Geburtsort" des Nationalparks. An diesem geschichtsträchtigen Ort, in der Nähe des Forsthauses, ist auch der Ausgangspunkt von Bootstouren. „Achtet darauf, dass ihr synchron bleibt", sagt der Nationalpark-Ranger, während er langsame Rotationsbewegungen

mit dem Paddel vorzeigt. Nach der Erklärung der Technik folgt eine Sicherheitseinweisung, bei der jeder Teilnehmer eine Schwimmweste bekommt. Nach kurzer Fahrpraxis und mit einem Ranger als Steuermann lässt sich das neunsitzige Kanu erstaunlich leicht zwischen den im Wasser liegenden, umgestürzten Bäumen manövrieren. Das sanfte Dahingleiten vorbei an der üppigen Flora hat eine meditative Wirkung, etappenweise wird geschwiegen, um die sensible Tierwelt nicht zu stören. Am Ende des Nebenarms, da wo er in die Donau mündet und der Spittelauer Arm beginnt, wird auf einer Schotterbank eine Pause eingelegt, nun darf auch wieder geredet werden. Von hier hat man einen traumhaften Blick auf Hainburg. Viel Interessantes zur Umgebung und dem verhinderten Kraftwerk erfährt man von den Rangern, bevor es den gleichen Wasserweg zurück durch die wilde Aulandschaft geht.
In den Donau-Auen leben keine Endemiten, doch die Artenvielfalt auf so kleinem Raum macht die Fauna des Nationalparks zu etwas ganz Besonderem. Mit etwas Glück sichtet man während einer Exkursion so außergewöhnliche Tiere wie Eisvögel, Europäische Sumpfschildkröten, Seeadler und je nach Jahreszeit Schwarz- oder Rotwild. Am Ufer sonnen sich Ringelnattern, Muscheln oder angenagte Baumstämme liegen herum. Die Biber hinterlassen zwar reichlich Spuren, zu sehen bekommt man die scheuen Nager jedoch selten. Bei Ausflügen in einen Nationalpark gibt es sowieso keine Garantie für bestimmte Tiersichtungen. Dafür ist jede Tour einzigartig, man erhält Einblicke in ein höchst komplexes Ökosystem. Die Angebote für Besucher sind vielfältig, zur Wahl stehen Themenwanderungen, Schlauchboot- Kanu- oder Tschaikentouren (s. S. 172 ff.) Auch eine Erkundung auf eigene Faust ist jederzeit möglich.
Das Besucherzentrum des Nationalparks im Schloss Orth gilt zugleich als Tor zur Au. Im ehemaligen Jagdschloss von Kronprinz Rudolf werden (wechselnde) Ausstellungen gezeigt, Highlight ist die Schlossinsel samt Unterwasser-Beobachtungsstation und Erlebnisgelände. Auf einem Aussichtsturm kann man sich einen ersten Überblick über die unberührte Naturlandschaft verschaffen, in der vor mehr als drei Jahrzehnten ein Stück österreichische Geschichte geschrieben wurde.

Info

Nationalpark Donau-Auen, Schloss Orth, Schlossplatz 1,
2304 Orth/Donau, *www.donauauen.at*

Aubesetzung im Dezember 1984

Vom Aussterben bedrohte Sumpfschildkröte

Der Teichfrosch ist im Nationalpark heimisch.

Kanufahrt in den Donau-Auen

Die Donau-Auen bei Hainburg von oben

NOSTALGISCHES IM FLUSS

50

Tschaike und Schiffmühle, Orth an der Donau

Wer sich für das Leben auf der Donau von anno dazumal interessiert, kann im Nationalpark Donau-Auen ein Stück in die Vergangenheit zurückrudern.

Gerade noch hat das knatternde Boot einen Kormoran von seiner Schotterbank aufgescheucht, schon stellt Kapitän Martin Zöberl den Motor ab. „Jetzt schwabbeln wir langsam den Fluss stromabwärts", sagt der Mann mit dem auffällig langen weißen Haar, bevor er die Tschaike mit einem sieben Meter langen Kehrruder in die entgegengesetzte Richtung steuert. „Wir werden nun die Geräusche der Donau so wahrnehmen wie vor 300 Jahren." Tatsächlich, plötzlich scheint es seltsam ruhig. Wir zählen die kleinen Holzhütten der Daubelfischer, die das Ufer säumen, über unseren Köpfen kreisen hunderte Schwalben. Während so mancher Fahrt fliegt ein Seeadler oder ein Schwarzstorch vorbei, auch ein Biber wurde schon gesichtet, im Herbst hört man oft das Röhren von Hirschen aus dem Wald. Doch die Stille wird nicht von einem Brunftschrei, sondern dem vorbeifahrenden Twin City Liner unterbrochen. Die Passagiere stehen am Sonnendeck, winken und fotografieren das auffällige Holzschiff, das pomali auf dem Wasser treibt.
Vom 16. Jahrhundert bis Mitte des 19. Jahrhunderts wurden Tschaiken als Kriegsschiffe genutzt. Das kaiserliche Tschaikisten-Bataillon ruderte tagein, tagaus auf den langen und schmalen Holzschiffen die Donau auf und ab, um für den Ernstfall, einen feindlichen Angriff, fit zu sein. „Bis 1830 war in Klosterneuburg die rudernde Einheit des Kaisers stationiert", erzählt Zöberl. „Danach fuhr man mit Dampfschiffen." Die Tschaike, mit der er und seine Frau Sabine Bergauer Touristen durch die Donauauen schippern, wurde nach Plänen aus dem Jahr 1530 von einem Zillenbauer gebaut. Bei genügend Teilnehmern darf auf Wunsch auch selbst gerudert werden. „Stromaufwärts ist das aber ziemlich anstrengend", sagt der Kapitän. Zu Beginn war die Tschaike nur als Zubringerschiff zu einer Schiffmühle gedacht, die das Ehepaar mit Hilfe von ein paar Zimmerern auf der Walz ebenfalls originalgetreu nachgebaut hatte. Von 2001 bis 2008 war sie die einzige funktionsfähige schwimmende Mühle entlang der Donau. Zur Freude der Besucher mahlte sie mit einem riesigen Schaufelrad als Antrieb, das nur mit der Kraft des Wassers bewegt

Martin Zöberl steuert seine Tschaike.

Die Schiffmühle (rechts) dient nur noch als Museum.

Martin Zöberl und Sabine Bergauer schippern auf der Donau.

wurde, Getreide zu Mehl. Bis Treibgut ein Leck in die schwimmende Plattform schlug und sie in der Donau versank. „Die Mühle lag lange am Grund. Wir haben sie selbst geborgen, das war heftig", erinnert sich Bergauer. Das Kulturgut war ziemlich schwer beschädigt, und die Brücken und das Wasserrad zwischen Mühl- und Wellschiff mussten abgetrennt werden. Das Mühlschiff konnte jedoch repariert werden und liegt bis heute in einem geschützten Seitenarm gegenüber der Schiffanlegestelle, wo es als Schaumühle und Museum genutzt wird.

Schon die alten Römer haben Schiffmühlen betrieben, seit gut 1000 Jahren gibt es die schwimmenden Mühlen auch auf der Donau. Doch wie kommt jemand im 21. Jahrhundert auf die nicht gerade alltägliche Idee, eine Schiffmühle zu bauen und zu betreiben? „Mein Urgroßvater war Schiffsmüller, " antwortet Zöberl und zeigt Richtung Ufer. „Den Mühlstein, der dort oben liegt, habe ich von ihm. Bis 1905 hat er auf der Donau eine Mühle betrieben."

Info

174 **Schiffmühle & Schifffahrtsunternehmen Martin Zöberl & Sabine Bergauer,** 2304 Orth an der Donau. Tschaikenfahrten können auch als Kombi-Package mit Donau-Auen-Wanderungen gebucht werden. Schiffmühlen-Besichtigung gegen Voranmeldung.
www.schiffmuehle.at